Prior to Consciousness

Talks with Sri Nisargadatta Maharaj

意識に先立って

ニサルガダッタ・マハラジとの対話

【編集】ジーン・ダン　【翻訳】髙木悠鼓

ナチュラルスピリット

Prior to Consciousness
Talks with Sri Nisargadatta Maharaj
Edited by Jean Dunn

Japanese translation rights arranged
directly with The Acorn Press

無限なるものは突然の客だと
思われてきたが
その驚嘆すべきものはいかにして来れるのか
一度も去ったことがないのに

エミリ・ディキンソン

序文

ある意味ではシュリー・ニサルガダッタ・マハラジの教えの核心を理解することは簡単ですが、他方でそれは極端にむずかしいのです。もし私たちが進んで完全に自分自身に正直になり、他人の概念を眺め、それで自分自身の刑務所を築いたことを見るならば、それは簡単です。しかし、自身の自己のために調査するのは、きわめて困難なことにもなりうるのです。なぜなら、私たちは自分の概念に非常に執着し、それを放棄したがらないからです。もし知りたいという願望が燃えるような願望であれば、そのときには私たちは自分のコースを進んでいます。私たちは本や他人からではなく、ただ個人的経験から自分とは何か、誰かを知ることができるのです。

マハラジはこの「私」が何なのかを発見するように、私たちを促しました。彼は鋭い外科用メスをもつ外科医のように、すべての非本質的な物事を切り離しました。彼の質問は、しばしば「残されたフィールド」に人を取り残し、人は何と言ったらいいかわからなくなるのです。彼の答えは決して期待されたものにはなりませんでしたし、聖典からの引用も許さず——ただ個人的経験のみ——そのことでひどく怒ることもありました。一度誰かがヒンドゥー教の神、ダクシナムルティを引用したとき、マハラジは

「ダクシナムルティを絞首刑にしなさい。あなたはどうなのか？　あなたの経験は何なのか？」と応えたものです。

私たちのほとんどはこの肉体－マインドと、自分自身を一体化させています。それで彼はこの肉体－マインドは何なのかを発見するように主張します。それは父親の精子と母親の卵子から来たものではないでしょうか？　ということは、肉体は消費された食物の産物であり、食物によって支えられていて、それは五大元素の本質です。私たちはこれでありうるでしょうか？　意識がなければ、肉体は死んだ物体です。意識が肉体を離れるとき、どんな個人もどんな世界もどんな神もありません。意識はそれが物理的形態に顕現したときだけ、それ自身を意識することができます。意識はあらゆる食物の種に、あらゆる五大元素の中に隠れています。それは宇宙的で非個人的で、すべてに行き渡っています。あらゆるものが意識です。そして、それが現在の私たちの本質です。意識はグナ（生まれながらの性質）、つまりサットヴァ（存在－光－純粋）とタマス（慣性－受動性－暗闇）とラジャス（活動－情熱－エネルギー）の組み合わせに従った形態と、受け取られた条件を通じて行動します。これらの一つの形態が「死ぬ」とき、何が起こるのでしょうか？　その形態は再び五大元素の一部となり、意識は宇宙意識と融合します。これが起こっている過程のすべてで、意識の戯れです。

この形態がやって来る前、私とは何だったのでしょうか？　それこそ人の本質です。その**絶対**であるパラブラフマン（ブラフマンを超えた至高の実在）——これらは顕現していない、名状し難いものを名づけるために私たちが発明した言葉にすぎません。永遠なる「私」は絶対的に無条件で、時間がなく、空間がない存在であり、存在に気づいていないのです（なぜなら、他者がいないので）。私は、私は在る（I Am）であり、常に在ったし、永遠に在るのです。

世界中の探求者たちが、霊的指針を求めてシュリー・マハラジのところへやって来ました。本書の内容は一九八〇年から、マハラジが咽喉癌で死んだ一九八一年の九月八日までの間にボンベイ（現ムンバイ）でおこなわれた質疑応答の録音から筆耕されたものです。マハラジはマラティー語しか話さなかったので、会には毎回同じ人ではありませんでしたが通訳がいて、私たちはみな彼らに非常に感謝しています。よく通訳をやってくれた人たちは、シュリー・SK・ムラパタン、D・ドゥーンガジ博士、ラメッシ・S・バルセカール、S・V・スペアー、そして、夕方の通訳を務めてくれた、私がただモハンという名前だけ覚えている人でした。ときには他の通訳もいましたが、概ね彼らが日々通訳を務めてくれました。私たちはまた、忠実にこれらの講話を録音してくれたN・ヴァナジャ嬢にもとても感謝しています。

マハラジは最後の二年間、世俗生活とその改善に関する一切の質問を受け付けず、ただ最高の真理だけを教えました。衰弱した彼の体の状態のせいで、ほとんど議論がない日もありました。しかし、彼のたった一つの文章でさえ、ウパニシャッドのようでした。答えるとき、彼はぶっきらぼうで、鋭く、誰のエゴにも配慮しませんでした。事実、彼が述べた目的は、この「偽実体」を破壊することでした。彼の存在の中にいることは真理の力強い響きを感じることであり、それは描写不可能なことでした。彼は眺めるには驚くべき存在でした。彼の人格は、幸福になったり、怒ったり、悲しんだり、陽気になったり、皮肉たっぷりになったり、優しくなったりと、そういった「彼のもって生まれたグナ（性質）」を通じて様々な感情が水の上を照らす日光のように、演じられました。それを変えようという一切の試みがありませんでした……。物事がそれ自身で起こるがままにし、それをやっているのは彼ではありませんでした。癌のせいで苦痛もたくさんありました。しかし、この人間の世界で、彼以上に勇敢な人を私は見たことがありません。彼の口から不満が漏れることは一度もありませんでした。その体は、不可能に見えるときでも、それができることをやり続けました。人はただ完全なる愛と驚きで、彼を眺めることができただけでした。シュリー・マハラジの肉体が癌で苦しんでいたことは明らかでしたが、それでも彼は日々、一日四回のバジャン（神に捧げる賛歌）と二回の質疑応答をいつもどおり欠かさずおこないました。体が衰弱するにつれて、これらの時間はたびたび短縮されました。しかし、彼の存在の中にいるだけで充分でした。

本の中では繰り返しが必然です。というのは、マハラジは継続的に私たちの概念を叩き壊し、毎回、私たちが枝や葉っぱに行こうとさ迷っているときに、私たちを根へ連れ戻してくれるからです。私たちが言葉にしがみつくとき、彼が使った言葉でさえ、彼はそれらをまさに私たちの下に撃ち落すのです。誰かがかつてこう言いました。「私はマハラジに途方もなく感謝しています。（彼は他の人と）非常に違って、どんなことにもかかわらず、彼は最も役立ち、正しいことを答えてくれます。しかし、人々はその教えをシステムにしようとして、それは究極的には彼らを滅ぼします。でも、マハラジは心配しません。彼は水曜日には赤を黒だと言い、金曜日には赤を白だと言いますが、その答えはそのときには正しいのです。なぜなら、それは質問者の方向性を変えるからです。それは途方もなく貴重で、ユニークなものです」。本書の読者は、一度に数ページだけ読んで、それらについて考え、瞑想すべきです。
もしみなさんが本書を読めば、あなたはマハラジが言ったように「自分の宿題を終えた」のです。もしこの偽実体との一体化を放棄する準備ができているなら、読み続けて、楽しい旅をしてください。

ジーン・ダン

一九八〇年四月四日

質問者　グルの恩寵について、お話していただけませんか？

マハラジ　最も重要なことは、グルの言葉をあなたがどれだけ強く信頼するかということだ。いったん信頼があれば、恩寵は自然に流れる。グルへの信頼は自分の内なる意識、自分の真我への信頼に基盤が置かれている。存在性（beingness）への愛、それこそ私がより高いレベルへ導こうとしているものだ。永続するものは真我に対するこの愛であり、それにもとづいて、寺院は建てられている。このキリスト意識は存在している。しかし、それは一人の人間への信仰だろうか？　キリストは一人の人間としては磔にされたが、彼のものであったこの宇宙意識は今日も生きている。

質問者　この愛を解放したり、高めたりする方法がありますか？

マハラジ　それは、ヴィリティ（思考上の変化）であり、過程の一部だ。様々な活動があり、修行などがある。日常生活においてさえ、あなたはある種の過程を経る。それらは、この意識のためのプージャ（礼拝）ではないだろうか？

質問者　マハラジは意識それ自身を超越する類の愛について語っているのですか？

マハラジ　宇宙意識から出て来る微風こそ、他の種類の愛を生かしておくのだ。しかし、ほとんどの人は自分たちの愛を個人に限定している。

質問者　人はどうやったら宇宙的な愛の中へ拡大できますか？

マハラジ　偽物を偽物と理解しなさい。それがあなたにできるすべてだ。あなたはあるものを別のものに変えることはできない。

質問者　愛はその対象を失ったら、その活力を失うのではないでしょうか？

マハラジ　あなたは肉体レベルから質問している。肉体が存在する以前の自分の状態に戻ってはいない。「愛」という言葉が存在する以前に、あなたは存在しているのだ。肉体との一体化以前の状態、あなたはそれに退却しなければならない。

私は真実の永遠の状態を自分で発見したので、肉体に関する何も必要ではない。だから、私はそれらが出て行くのを待っているだけだ。この完全な充足感の中では、何もまったく必要ではない。私は自分のグルに出会ったあと、この完全な充足感の状態を得た。もし私が自分のグルと出会わなかったならば、私は一人の人間として生き、死んだことだろう。

私はわずか二年半しか自分のグルと付き合えなかった。彼はおよそ二百キロ離れたところに住んでいて、四ヶ月に一度だけここに来て、十五日間滞在した。私の状態はその結実だ。彼が私に与えてくれた言葉は非常に深く響いたものだ。そして、私はたった一つのことだけに留まった。私のグルの言葉は真理であり、彼はこう言った。「あなたはパラブラフマンだ」と。それに関して、それ以上の疑いも質問もなかった。

いったん私のグルが伝えるべきことを伝えたあと、私は決して他のことに心を煩《わずら》わせなかった。私はグルの言葉にしがみついた。

私は現在のこの物事の状態がどういうものか、それがどれほど移ろいやすいものかを正確に知っている。また、私は永遠の状態も知っている。私にはこのつかの間の状態は不要だ。さて、あなたが自分の国に戻るとき、ジニャーニ(賢者)という資格をもち運ぶことだろう。ジニャーニという言葉に、あなたがどんな意味をくっつけているのか、私に言ってみなさい。

質問者　私が思うには、ここにより長くいる一部のインド人たちはより資格があります。彼らはそれについて話すかもしれません。

マハラジ　現代のインド人の群れは、物質的な面があまりに発達した西洋人のあとを追っている。彼らは霊性を追い求めてはいない。彼らは西洋の科学的発展に追随し、あなた方の真似をしたいのだ。『アイ・アム・ザット　私は在る』（ナチュラルスピリット刊）がモーリス・フリードマンによって翻訳されているので、人々はそれを読むことだろう。そして、ジーン・ダンの本はもっと重要になるだろう。私には神や霊性に関するどんな知識も欠けていない。なぜなら、私はこの子供–原理（child-principle）が何なのか、完全に知っているからだ。あなたがこの無知なる子供–原理、存在を知るようになれば、どんな霊的追求、あるいは世俗的追求においても、何一つ欠けるものはなくなることだろう。

一九八〇年四月八日

質問者　私たちが見ているような世界は思考でしょうか？「人が世界を見るとき、人は真我を見ず、逆に人が真我を見るとき、人は顕現を見ない」と、どこかに書かれています。

マハラジ　世界はあなた自身の「私」意識のイメージにすぎない。それはまるで、あなたが電話に出ると、「あなたは存在している」と言われてすぐに世界が現れるようなものだ。あなたが熟睡していて、自分が目覚めたと感じると同時に夢の世界が現れる。「私は在る」にともなって、目覚めた状態と夢の状態で世界が現れる。

質問者　エゴの存在がないとき、人は世界を見ることができるのでしょうか？

マハラジ　エゴとはいつあるのだろうか？　エゴとは、あなたがある種の反応をするときにあるものだ。あなたは観察されるものが何であれ、瞬間的に受け取る。あなたがそれにしがみつき、それを登録すると、初めてそこにエゴが存在する。

あなたは道路に建築資材が置かれているのを見る。あなたは自分が大工だと思い、その資材をどう使うかをあれこれ思案し始める。すると思考過程が始まり、エゴが始まる。もしあなたが誰でもなければ、あなたは建築資材のことを気にも留めないことだろう。あなたはそれを観察し、自分の道を行くだけだ。いったんそれが見えなくなれば、それはマインドから消える。しかし、あなたがそれを受け取り、それについて考えたときにエゴが始まったのだ。

質問者　ということは、見られたものを活用するとき、エゴが存在するようになるわけですね？

マハラジ　そのとおりだ。エゴとはそういう性質のものだ。

質問者　前の質問に戻りますが、「世界が見られるときには真我はなく、真我が見られるときには世界はない」。これはそうなのですか？

マハラジ　そうではない。「私は在る」とあなたが知るとき、世界は存在する。もしあなたが存在しなければ、あなたの世界も存在しない。

質問者　「私」は真我でしょうか？　私が話題にしているのは、「私は在る」と、エゴである「私は一人の人間である」の違いについてです。「私は在る」の意識の中で、世界が存在するのでしょうか？　人はそれを見ることができますか？

マハラジ　目覚めたとき、あなたは言葉にできない存在感だけをもつ。これが第一の原理であり、前提だ。あとで、あなたは自分が存在し、世界が存在することを完全に知る。しかし、ウサギの角のように、これは幻想なのだ。世界は最終的には夢の世界のようなものだ。これを完全に理解しなさい。あなたはあまりにエゴに関わりすぎている。あなたはエゴについて言われたことを理解したのだろうか？

質問者　私は理解したと思っています。もう一つ質問をすれば、私はたぶん疑問を解消することができます。ヘビとロープのたとえ話（薄明かりでロープを見て、それをヘビと見間違うこと）を使うなら、もしそのたとえ話のように世界を見ると、間違えられた自己はどこにあるのですか？

マハラジ　真我は世界だ。あなたは真我と世界の間にある自己を取り除くことについて話をしている、違うかね？　まず第一に真我に取り組み、真我とは何かを理解することだ。最初に真我を知り、それから世界とは何かを理解しなさい。世界が現れる理由は、「私は在る」とあなたが知るようになるからだ。

質問者　どうしたら人は目覚めている状態で、世界の感覚を完全に失って、ただ真我になることができるのでしょうか？

マハラジ　だったら、あなたは太陽に相談しなければならないことだろう。彼に尋ねるといい。「あなたはどうやって光を取り除くことができますか？」と。光は太陽の物質的顕現だ。太陽を光から、あるいは光を太陽から分離することができるだろうか？　太陽が存在するから、光がある。同様に、あなたが存在するから、あなたの世界がある。

観照状態が起こるので、ゆえにあなたは在る。あなたが在るので、観照が明白に感じられるのだ。もし観照することがなければ、どこに観照者がいるだろうか？　そこに住むことだ。

質問者　存在がその観照者ということでしょうか？

マハラジ　二つの観照段階がある。存在がこのすべての顕現を観照する。そして、この存在や意識を観照することが、**絶対**であるあの永遠の原理に起こるのだ。

一九八〇年四月一四日

マハラジ　あなたがこの顕現世界に関心をもっているかぎり、根源に行く時間はない。その根源とは、あなたが子供だった頃に現れたこの意識のことだ。あなたが現在どんな活動をやっていても、その根源は、あなたが子供だった頃のその瞬間だ。その子供の中で、最も重要な質——化学的なもの、意識——が、写真を撮ったのだ。その瞬間からあなたは知識を集め始め、それにもとづいて現在の活動は起こっている。

人々は私の言葉に非常に関心をもつあまり、誰もその子供意識とは何かを本当に発見しようとはしない。あなたが意識の中に落ち着くとき初めて、その子供意識を知ることができる。それが唯一の方法だ。

質問者　大人意識と比較すると、子供意識というのは退行を暗示します。そういった状態にあるとき、子供意識とか大人意識とかを考えません。ただ存在があるだけで、それ以上行くべき方向がありません。

マハラジ　子供意識と大人意識には何の違いもない。

質問者　もし小さい壷を満たす空間が、大きな壷を満たす空間と同じなら、どうやって小さい壷を認識するのでしょうか？

マハラジ　宇宙の種には大きさがない。だが、肉体のせいで現れた意識は肉体と一体化する。しかし実際は、すべてのものはあらゆるところに浸透している顕現した意識だ。「私は愛する」（I love）が顕現している。全宇宙にとっては、利益と損失という問題はなく、ただ肉体との一体化があるときだけ、問題が起こるのだ。

あなたが食べ物を食べるとき、誰が食べているのだろうか？　その「私は在るという性質」（I Amness）が食べているのだ。食べ物にもまた「私は在るという性質」が含まれているので、あなたがそれを消費するとき、あなたの「私は在るという性質」は保持される。「私は在るという性質」は食べ物の中にもあるが、誰も食べ物と自分を一体化はしない。人々は、「これは私の昼食であり、私ではない」と言う。しかし、それが人々に消費され、彼らの体の一部になると、彼らは「私は肉体である」と言う。それが、人々が犯す間違いだ。

質問者　私はジニャーニの状態になりたいと望んでいます。

マハラジ　あなたは「私は在る」という知識を知らねばならない。ジニャーニと知識は一つだ。

質問者　ただ存在するだけで、人はこの知識をもっているのですか？

マハラジ　あなたはすでにそれなのだ。しかし、あなたは自分自身を理解するように努めなければならない。

質問者　あなたは存在のまさに本質によって、それを理解されています。ですから、どんな知識も関わっていないのです。

マハラジ　この瞬間、あなたは自分の肉体と一体化している。だから、あなたにはその秘密がわからないのだ。あなたが本当にそれになるとき、しだいに知るようになることだろう。

質問者　もし「私は在る」の中に、ただ存在の感覚しかなければ、どこに概念が入って来るのでしょうか？

マハラジ　命を保つ呼吸があることによって、そこにマインドの流れがある。マインドとは言葉を意味し、よって思考がそこにある。それらが概念だ。自分の根源、子供意識を眺め、それを終わりにしてしまいなさい。

質問者　問題は、すべての意識は同一という事実です。では、どうやって根源に行ったらいいのでしょうか？

マハラジ　この意識は木であるが、しかし、種があったのだ。だから、種のところへ行くことだ。あなたが今もっている意識は子供意識と同じだ。それにしがみつきなさい。それで充分だ。意識がそこにあるかぎり、あらゆることはあなたにとってとても重要だ。しかし、もしそれが消滅してしまったら、そのとき、あなたにとってこの全世界の価値はどこにあるのだろうか？　この種を知るものは誰なのか？　この「私は在るという性質」がどうやって現れて来るのか、それに注意を払うことだ。そうすれば、あなたは知ることだろう。「あなたはこの顕現した純粋な意識であり、宇宙やあなたが見ているこの生命のまさに魂であり、今はただ肉体という衣装を着ているだけだ」というこのアイデンティティだけをただ受け入れ、これに注目するのだ。あなたは人生で非常に多くの物事を娯楽のために注目している。だったら、これにも注目して何が起こるかを見てみたらどうだろうか？　月を眺めるとき、あなたがそこにいるかぎりは月が存在することを知るなら、何が起こるかを見てみなさい。この壮大なる概念、この喜び、あなたはこれを直接経験し、楽しむのだ。

質問者　この創造に対して、責任を負っている何らかのパワーがあるに違いありません。

マハラジ　パワーは真我であり、それを一人ひとりが自分の存在の中にもっている。しかし、そのパワーは時間に縛られている。存在が現れて以来、存在が消えるときまで、それは自動的に創造する。それ以前は何もなかった。それ以後も何もない。存在が継続している間だけ、世界と創造はある。このパワーは根源的概念である「私は在る」への信念であり、創造の蜘蛛の巣を紡ぐのがこの概念だ。全顕現はこの概念の中の見かけなのだ。

一九八〇年四月一五日

マハラジ　意識がそれ自身と混じるとき、それがサマーディ（超越意識の至福状態）だ。人が何も知らないとき、そして自分が何も知らないことさえ知らないとき、それがサマーディなのだ。

質問者　肉体は硬直するのでしょうか？

マハラジ　肉体は静かになる。さらに、肉体の認識もなくなる。あらゆることの原因がわかるとき、それがサハジャ・サマーディ（自然な至福状態）だ。

質問者　感覚は内側も外側も燃えるようで、活気を帯びる感じです。それは少々熱を誘発します。

マハラジ　それは自然なことだ。五大元素がお互いに混じるとき、あらゆる種類の物事が起こるかもしれない。五大元素は、その段階では肉体を通じて様々な異なる様式で自らを表現する。これはすべてに共通するものではないし、必ずしも一様ではない。おのおのの肉体はそれぞれ異なる行動をし、反応する。それゆえ、それぞれの賢者たちは異なる教えをもつのだ。このすべてに対する共通した源泉は目覚めた状態、睡眠の状態、そして「私は在る」という意識だ。

質問者　私はマハラジが言うようにやりました。私は子供意識を調べ、また種と木について熟考しました。そして、その相関関係を解明しました。

マハラジ　これらの疑問が解消されたあとに何が残り、あなたはそれについて何かできるだろうか？

質問者　いいえ。種は苗木に消え入り、苗木は木に消え入り、最終的に木も消えます。そして子供という種が十代に消え入るなどです。

マハラジ　それは消えるのではなく、変換されるのだ。今、残るものがパラブラフマンだ。

質問者　息子が父親のところへ戻るという感覚がありました。

マハラジ　その感覚は源泉の内側で起こったのだろうか？　それとも外側だろうか？　両親とは人が常に知っている源泉に与えられた名前にすぎない。

何かが理解されるとき、名前を与えられるまで、人は本当にはそれを理解しない。名前を与えられると、人は「私は理解しました」と言う。しかし、名前はものではない。名前上では、父親、母親、子供は三つだ。しかし、これらの三つは同じものを表している。あるがままはただ一つであり、**それはただ在る**。その三つのものは、基本的に一つのものに与えられた名前と数にすぎない。プラクリティ（宇宙の実体）とプルシャ（宇宙の魂）の融合が私自身だ。しかし、プラクリティとプルシャは名前にすぎない。それらは形ではない。この話題は、真剣に興味をもっている人たちだけに向けられている。

ジャック・フルーツは厚い皮と外側にするどい棘がある非常に大きな果物だ。中身が実で、さらにその中に種がある。人は果実を利用するが、もっと果実を生むことができる種もそこにあるのだ。人間の肉体も同じことで、外側は単なる殻に過ぎず、人が利用するのは実である内部の存在だ。種は再生産に使うことができるが、甘さである「私は在る」という味は自らを価値あるものにするので、どんな犠牲を払ってでも継続したいと思うものだ。

この形をとる以前、あなたは形がなかった。自然発生的に形が現れ、形がそこに現れたとき、形なき状態に戻りたいという自然な思いがあった。あなたがこの形なきもの、願望のない状態に戻りたいと思うとき、そのときあなたは初めて、自分の本質を求めてここに来るのだ。意識は意識を知らねばならない。それが自分自身に目覚めるとき、そのときようやくあなたは普通に戻る。

質問者　ここに来た人の中で、誰かジニャーニになった人がいますか？

マハラジ　ここに来た多くの者たちは知識を得たが、それはほんの表面的なことだ。誰も知識とは何かを本当に学んだ者はいない。本当に完全なる意味を理解した者は誰もいない。彼らは何をしているのだろうか？　彼らは願望や欲求で混乱し、そのせいで知識を忘れている。これからも、この知識を正しく得て、自分のハートに深く吸収する者は非常にまれだろう。いったんこの運動、この活動の起源、この願望の理由と性質を理解するなら、そのとき初めてあなたは自分の本質に戻ることができる。そのことについて確信しないかぎり、あなたは理解しないことだろう。

一九八〇年四月一九日

マハラジ　あなたはここに来て、座っている。だからといって、あなたがここに二十四時間、何日も何日も継続して座ることを期待されているわけではない。あなたはここにしばらくいて、また出て行き、そしてまたここに来る。それと同様に、この肉体もつかの間の居住地なのだ。

絶対の中に落ち着けば、存在と存在以前の区別は明確になるものだ。

質問者　「どんな弟子もグルの近くに一年間、黙って座らなければならず、それから初めてグルに質問できる」と、昔のウパニシャッドの中では言われています。

マハラジ　弟子がグルの近くに親しく座るとき、この教えを受け取る彼の存在の能力が成熟し、理解する能力も増す。それは彼の内側で起こるのであって、彼の外側から来るものではない。

あなたは確固たる決意に至らなければならない。あなたは自分は一個の肉体であるという思考を忘れ、ただ名前も形もない「私は在る」という知識だけにならなければならない。ただ存在しなさい。あなたがその存在の中に安定するとき、それはあなたにすべての知識と秘密を与えてくれることだろう。そして、その秘密が与えられるとき、あなたはその存在をも超え、**絶対**であるあなたはまた自分が意識でもないことを知ることだろう。この知識をすべて得て、何が何であるかを理解したなら、ある種の静寂さ、安定が浸透する。存在は超越されているが、それはそこにある。

質問者　それはどんな状態ですか？

マハラジ　それは鹿が木の影で休んでいるようなものだ。影の色は明るくもなく、あまり暗くもなく、中間的状態だ。それはまっ黒でもなく、非常に明るくもなく、それらの中間的なもので、それが影だ。雲のように深い青、それがその状態なのだ。それはまたサットグル（真の霊的教師）の恩寵でもある。あらゆるものがその状態から流れ出るが、この原理は何一つ主張せず、それから出て来るものに何一つ関わらないが、この存在はそこにある。その深く暗い青の状態、サットグルの恩寵は、またジニャーニの状態でもある。これは非常にまれで、自然なサマーディの状態、最も自然な状態、最高の状態だ。

あなたはこのことに強固な信念をいだかなければならない。いったんこれが決意されたら、それから離れることはできない。あなたの霊性の実現とは、あなた自身の真の本質を完全に理解し、自分の本質の中に安定することだ。人は忍耐と待って見る能力をもたなければならない。

あなたが目を閉じたときに見える暗闇、それがグルの恩寵の影だ。それを忘れないように、いつも心に留めておきなさい。グルの恩寵の木陰で休みなさい。あなたがグルの言葉を思い出すたびに、あなたはグルの恩寵の木陰の中にいることになる。

究極的には、あらゆることが真我と合流する。あなたは大きな困難に出会うかもしれないが、真我へのあなたの勇気と信念は、確固たるものでなければならない。

一九八〇年四月二三日

マハラジ　あなたの真我、未分化の状態と仲良くしなさい。決して分離はなかったのだが、あなたは自分がそれと一つではないという幻想に陥っている。

私は自分の本質を理解した。それは常に生きている。しかしそれは、みんなが考えるように生きているのではない。

私は実体のない世界の知識や、その経験によってこの人生を生きたいとは思わない。人々は私に、私は生きなければならないと言うが、私はそんなふうに生きたくない。私は自分自身の本質ゆえに生きているのであり、それはそこにあり、その存在はそこにあり、その存在あればこそ私はそこにいる。私の本当の状態は全体であり、未分化であり、誕生と死を超えている。私は自分の肉体とマインドに決して束縛されていない。私は無限なのだ。

絶対である私は自分が生きてきたというどんな経験ももったことはないが、今私は自分が生きているという経験をしていて、それを通じてこのすべての困難を経験している。この経験は時間と空間に制限されている。しかし、私は事のすべてを理解したとき、自分が生きてきたというどんな経験ももたなかったことを理解した。これはどんな経験も超えた状態だ。

なぜこれはやって来たのだろうか？　私のグルは、「『私』という意識が現れたので、これらの経験が始まった。だから、人は『私』という意識の本質を見て、源泉に戻り、この『私』がどこからやって来たのかを、発見することができる」と正確に説明してくれた。

質問者　もし私が病気になって無意識である場合と、マハラジが病気で無意識であることの違いは何ですか？

マハラジ　私は自分の本質を知っているし、私は**それ**だ（I am That）。それに対して、あなたは自分の肉体とマインドに制限されている。それゆえ、自分が病気だと感じれば、医者を呼んで処置してもらうことだろう。あなたはこういったあらゆる概念をもつだろうが、私はそういったものをもっていない。私は自分の本質の中で眠っているのに対して、あなたは毛布をかけて眠っている。

病気になると、あなたはそのことだけを考えているというのが真実ではないだろうか？　なぜあなたはこの領域に入ったのだろうか？

私があなたに話しているとき、肉体ーマインドとの一体化から理解しようとしてはいけない。あなたの本当の状態はいつもそこにある。それはどこへも行っていない。あなたはそれがそこにあることを知らなかったが、今はそれがそこにあることを知っている。あなたは何もしなかったが、それは常にそこにあるのだ。

私の真実で全体である均質的な状態に、ほんの小さいさざ波が現れ、「私は在る」というニュースがやって来た。そのニュースのせいですべてが変わってしまい、私はこれを知り始めた。しかし今や私は自分の真実の状態を知ったが、それはまず最初に自分の真実の状態を理解し、それからその状態にこのさざ波が行き来するのを理解するということだ。一方、あなたの場合は、さざ波に関心をもち、自分の真実の状態に関心をもっていない。

非顕現としての私の存在から、この顕現の状態が出て来た。その均質性は属性の活動やマインドの投影を理解しているが、属性の活動やマインドの投影は均質性を理解することはできない。それが**それ**を理解しようとするとき、それは**それ**と一つになる。あらゆる人がこのすべての意味を理解しようとしている。しかし、あなたは理解できない。なぜなら、「私はこれだ、私はあれだ」という自分を束縛するあらゆる産着《うぶぎ》を着ているからだ。それらを取り除きなさい。

究極的な観点は、理解するべきことは何もないということだ。だから、私たちが理解しようとするときには、ただマインドの曲芸にふけっているだけだ。

あなたが知りたいと憧れる霊的な物事は、すべてこの物質的世界という幻想の中で起こっている。あなたの物質的、霊的活動のすべてがこの幻想の中にある。あらゆることが物質的世界で起こっているが、そのすべては不正直であり、この詐欺の中には何の真理もない。

質問者　昨晩、瞑想の最中に「私－私」の純粋な状態がありました。私はそれを真我の認識だと理解しました。

マハラジ　それがあなたの真我の本当の意味だろうか？　そんなもの、吐き出してしまいなさい。あなたが何を理解したとしても、あなたはそれではない。なぜあなたは概念の中でさ迷うのだろうか？　あなたはあなたが知っているあなたではなく、あなたは知るものなのだ。

一九八〇年四月三〇日

マハラジ　「私は在る」というこの意識が世界のあらゆる驚異を創造し、維持してきたのだが、人間はそれを自分の功績だと考えている。その一方、この意識は自分自身に対して何のコントロールももっていない。

あなたがそこから発生してきたその源泉であるこの原理は、巨大なパワーをもっている。主クリシュナ（インドの神話で最も人気のある神）は次のように言った。「あなたは私を崇拝し、私に帰依《きえ》しなさい」と。これはどういう意味だろうか？　それは、あなたの中に内在している「私は在る」という知識、ただそれだけを崇拝せよということだ。あなたは自分の存在を、主クリシュナの素晴らしい特質で満たしている。つまり、あなたの存在が主クリシュナという意味だ。それに帰依しなさい。

初期の段階では、あなたの帰依は明け渡すという種類のものだ。あなたはある原理を崇拝し、その原理に明け渡す。最終段階では、あなたは全宇宙になる。

ある原理に対するあなたの信念は同じままではなく、それは絶えず変化することだろう。

あなた方はみな乞食だ。托鉢椀を手にもって、その中に神を集めたいと思っている。

あなたの「私は在る」は神性の純粋な形であることを受け入れなさい。純粋なイーシュワラ（活動中の意識）の状態があなたの存在なのだ。

あなたがこの話を聞いていることは、きわめて正しく、賞賛に値することではある。それにもかかわらず、あなたは肉体－マインドへの執着を取り除いていない。あなたは常に自分の肉体－マインドに関連した関係や親密さに取り囲まれている。自分の存在を完全に信頼し、それが明白なイーシュワラの原理に成長するようにしなさい。それは完全なパワーがある。それについて瞑想しなさい。それはとても単純だが、しかし、同時に非常に奥深いものだ。意識が神性の種だ。もし私たちがそれに真の重要性を与え、祈るとき、それは神性へと花開くことだろう。しかし、私たちがそれに何の重要性も与えないなら、それは神性へと花開くことはない。

一九八〇年五月四日

マハラジ　あなたは自分を肉体－マインドだと理解している。それゆえ私の問題は、いかにあなたに理解させるかということだ。

主クリシュナは言った。「すべては私の表現である」と。山は金ででき、その山の欠片《かけら》もまた金だ。私はその山であり、あらゆる欠片も私自身だ。顕現している全存在性が私自身だ。おのおのの存在は私自身の見本だ。おのおのの種の中の「私は在る」という知識が私自身だ。そのまさに生命力――光に満ち、明るく、輝いている内在する原理、それが私自身なのだ。

もし誰かが私を完全に充分に最も正しく理解したなら、その人は私の恵み深い存在の木陰で憩う。ジニャーニの状態、つまり最高の状態は存在を超越しているが、存在はまだそこにある。だから存在とともに**絶対**があるのだ。それは視覚も不要の深い青の恵み深い状態だ。

知識はその深い青の平和な恵み深い木陰の中で休息している。その木陰が取り払われるとき、彼は宇宙や世界という形態で様々な顕現を見る。しかし、その木陰がそこにあるとき、それは深い青の状態、完全にくつろいでいる状態だ。

質問者　マハラジは話すのをやめる予定ですか？

マハラジ　この会話は、ふさわしい誰かがそこにいて質問するときだけ起こる。私の人生はもう終わりが近づいている。だから、どんな質問でも起こってくるなら、尋ねなさい。

質問者　私はできるだけ長くここでマハラジといっしょにいたいです。

マハラジ　あなたが家に帰ったとしても、蒔かれたものや受け取ったものは何でも、あなたを変えることになるだろう。あなたは完全に取り込まれている。

質問者　私はそれを感じます。私は人生の終わりにここに連れて来られたことをありがたく思います。

マハラジ　あなたがここに来たこともまた自然発生的なことだった。誰かがここに来ることができるほど幸運であることは、非常にまれなことだ。ここに来て、もし種植えがおこなわれるならば、発芽は必ず起こることだろう。時間はかかるかもしれないが、それは確実に起こるだろう。

ちょうど存在性が自然発生的に起こるように、あなたは、「私はこれから存在する」と前もって知ることはない。それはただ起こったのだ。同様に、話もまた自然発生的にやって来る。

「私は在るという性質」のこの感触はあらゆる存在の中にある。この存在性は**絶対**への愛の感触をもっていて、それは**絶対**を代表している。あなたが「私は在る」というこのアイデンティティをもって、自分自身を**絶対**から切り離すとき、あなたは分割され、孤独を感じる。だから、あなたの要求が始まるのだ。**絶対**においては、何の必要もない。ただ**絶対**だけが行き渡っている。

真実とは完全なるブラフマンだけで、ブラフマン以外は何もない。完全なるブラフマンの状態の中で、「私は在る」という存在性の感触があり、それとともに分離が始まり、他者性が入って来る。しかし、この「私は在るという性質」はただの小さな原理ではなく、それ自身がムーラ・マーヤー、つまり第一の幻想だ。私がここで詳細に説明していることは普通の人たち向けではない。なぜなら彼らは、私が言っていることを理解できるだけの精神的成熟に到達していないからだ。それゆえ私は、そういった人々にはバジャンやジャパ（神の名前を繰り返し詠唱すること）や瞑想をするように言うのだ。そうしたことをやったあと、浄化が起こったとき、彼らは私の話を受け取るにふさわしくなることだろう。

質問者　非顕現から顕現が起こっているのですか？

マハラジ　誰が、なぜ、それを尋ねているのか？

質問者　私は知りたいのです。

マハラジ　あなた以外に行き渡っているものは何もない。あらゆることがあなたなのだ。いったいどんな答えを、私はあなたに与えることができるというのか？

もしあなたがこの訪問を覚えていたいと思うなら、もしあなたに私への愛があるなら、この「私は在る」という原理を思い出し、この原理の命令や指示がなければ何もしないようにしなさい。

今日の世界には非常に多くの人たちがいて、彼らはあまりに色々なことで忙しいので食べる時間がない。彼らは立って食べている。これがマーヤーの性格だ。偉大なマーヤーの原理のせいで、あなたは彼女のすべての悪巧みをおこなう。そして、あなたはまた彼女の言うことを忠実に守っている。そして最終的には、あなたの光、あの存在は消滅させられる。それから、あなたはどこへ行くのだろうか？

質問者　私は別の肉体を捜しに行きます！

マハラジ　それはすべて概念にすぎない。この世界に現れる前、あなたは自分の以前の歴史を覚えているのだろうか？　あなたは何かを覚えているのだろうか？

質問者　いいえ。でも私はそう読んだことがあります……

マハラジ　私は他人が書いた言葉など聞きたくない。私は本人であるあなたから直接聞きたいのだ。もしあなたがいなければ、他人がそこにいることができるだろうか？　あなたにとってはこれで充分ではないだろうか？

質問者　でも私は、自分が存在していなかったときの状態を考えることができません。

マハラジ　それは、注意を払っていないパラブラフマンの状態だった。「私は在る」という注意がなかったのだ。

質問者　私たちはパラブラフマンの状態から出て来て、存在が去ったあと、そこへまた戻るのでしょうか？

マハラジ　**絶対**からこの世界に下りて出て来ることとは、夢の出現のようなものだ。夢の中で、あなたはどこかへ行くだろうか？　第一の無知は、「私は肉体だ」という理解だ。そして、「私は顕現だ」と知ることが知識であり、その知識が非知識に融合することがパラブラフマンなのだ。

質問者　でも、私がギーター（韻文詩からなるヒンドゥー教の聖典）から理解したことによりますと……

マハラジ　それを投げ捨てなさい！　あなたが何を理解したとしても、それは真実ではない。それは船外に投げ捨てるべきものだ。あなたは何かを掴んで、それにしがみつこうとしている。私があなたに話していることを、そのまま受け入れなさい。概念に流されてはいけないし、どんな言葉も採用してはいけない。ただ自分のありのままを見なさい。ほとんどの人が、私が何を言わんとしているかを理解しない。あなたは正しく注意を払っていないし、存在性が現れたあとのことばかり話題にしている。存在性がそこにある以前の状態、それを見て、その状態にいなさい。もしあなたが私を無神論者と呼びたいなら、私は一日に四回もバジャンをやっていることを思い出すがいい。

あのマーヤーはあまりに強力なので、あなたは完全にそれに包み込まれている。マーヤーとは、「私は在る」、「私は存在することを愛する」という意味だ。それは愛以外のアイデンティティをもっていない。「私は在る」という知識は最大の敵であり、最大の友人だ。それはあなたの最大の敵であるかもしれないが、もしそれの機嫌を正しくとれば、それは向きを変えて、あなたを最高の状態へ導いてくれることだろう。

一九八〇年五月八日

マハラジ　母親から、「おまえは男の子だ、あるいは女の子だ」という情報があなたに与えられたあと、あなたが獲得したことすべてはうわさを通じてだ。あなたの第一の資源は知識のある状態、目覚めた状態、そして熟睡だ。

ただ次のことだけを覚えておきなさい。本当の弟子とは、これに到達するために自分の肉体や生命―呼吸を放棄する準備のある者だ。グルの言葉だけを忠実に守り、ただ「私は在るという性質」の中に安定しなさい。

五大元素と三つのグナがあなたの肉体と存在性を形成している。あなたがサットグルに忠実であるとき、サットグルはあなたがまた存在の観照者であることをあなたに示す。サットグルを信頼しなさい。あなたは**それ**だからだ。そういったサットグルは触れられず、どんな特質ももたないままだ。何があるにしろ、それはそこに永遠にあるのだが、私たちは概念によって圧倒されている。存在性の世界では、意識があらゆる虫、鳥、人間などすべての種の面倒を見ている。それは存在性の問題だ。あらゆる種はどうやって生計をたてるかを知っている。

さて今、私は病気をもっていると言われ、様々な著名な専門家のところへ連れて行かれた。彼らは何かの治療を処方してくれたのだが、私はどんな治療も受けることを拒否してきた。なぜなら、治療は肉体のためであって、永遠の人生の保証はそこにはないからだ。その約束とは、私はしばらくの間よくなるだろうというものだ。私はそんな約束に興味はない。私は永遠に安定しているので、こういう種類の人生、この重荷には心惹《ひ》かれない。私はそれをできるだけ早く取り除きたいと思っている。私は興味がないのだ。

質問者　あなたは守護者です。

マハラジ　私は守護者ではないが、守護が自動的に起こっている。

質問者　あなたに守護されるのにふさわしい人たちがいます。少なくともその人たちのために、あなたが彼らのアドバイスを聞けば、彼らは満足するのではないでしょうか？

マハラジ　それは満足を得る方法ではない。満足を得るためには、彼らは内側に行くべきだ。あなたがそんなにも世俗的なやり方でこの霊性を使おうとしていることが私はとても残念だ。いわゆる死が私に起こっても、実際何が起こっているのだろうか？　五大元素の環境にあっても、私は常にそれらを超越している。私はこの世界と存在性以前に安定しているので、世界に何が起きても、私には何も起きない。「私は生まれた」ということを受け入れていたマインドが、今では死んでいる。だから、私を誕生やマインドによって計ることはできない。

いわゆるジニャーニが非常にたくさんいるが、彼らは世俗的知識に飢えている。あなたは私が何を言わんとしているかを理解しているのだろうか？　あなたは世俗的知識を渇望している。

あなたは意識をもち、この人生のあらゆることを理解しようとしている。だが、あなたは意識をコントロールすることができるだろうか？　それを常に自分のところに維持しておくことができるだろうか？　いや、それは今にもどこかへ行くことができる。あなたは「これは私の意識で、私はこれこれの期間それにしがみついています」と言えるどんな権威ももっていない。

あなたはこの世での居住地、この肉体をとても愛している。あなたはこれ以前の、これを超えた状態に行きたいとは思っていない。あなたはこの存在の状態に魅了されている。

一九八〇年五月一一日

マハラジ　肉体においては、意識が観察し、行為は三つのグナによっておこなわれる。意識はすべてに行き渡っていて、形のない空間のようだ。

もし人が病気や痛みをもつなら、それには形があるだろうか？　それはただ意識の中の運動にすぎない。意識を知るものは痛みを感じることができない。ただ意識がそれ自身を肉体と一体化するために、肉体は痛みを感じるのだ。意識がそこにないとき、たとえ肉体が切られても痛みはない。痛みを感じるのは肉体ではない。五大元素のバランスに混乱が生じるとき、病気がやって来て、その病気や痛みが意識の中で感じられるのだ。

冬には暖かさがどんどん減るように、肉体との一体化が少なくなればなるほど、感じられる痛みは少なくなり、肉体との一体化が完全になくなると、人は火の中に手を入れても痛みを感じないでいることができる。火の影響はそこにあっても、痛みは感じられないのだ。

さて今、私が痛みを感じているとしよう。何かが起こり、私のマインドがそれに向けられる。新しい出来事にマインドを向けると、私はそれまでの痛みを感じなくなることだろう。しばしば私は体中がかゆくて掻くのだが、人前に座ると掻きたいという気持ちがなくなり、ただそれを我慢する。我慢していると、それは消えてしまう。そうでなければ、掻き始めると皮膚がはがれ落ち、血が出始めても、それでもまだかゆみは止まらない。マラティー語では「掻くことによって、かゆみを刺激してはいけない」

ということわざがある。たいていの痛みと苦しみはこのようなものだ。つまり、あなたが注意を払えば、それは刺激され、あなたはそれをあやさなければならない。注意を払わず、兆候を無視すれば、それは消える。あなたは痛みに耐える能力をもたなければならない。

肉体の中の意識は、まったく傷をもつことができない。その性質とはそういうものだ。しかし、あなたが肉体と一体化するとき、概念的にそれを汚染するかもしれないが、本質的には意識は非常に純粋なものだ。生命－呼吸は非常に純粋であり、この存在性はさらにそれより純粋だ。私はアートマン（至高の自己）、真我について話している。この知識は正しい観点をもっていない者には、大きな不満を生み出すことになるだろう。その意図とは、物事の状態を正しい観点で見ることだ。これを見て、自分の能力のかぎりを尽くして、この世の中での自分の人生を生きなさい。

不死は時間と空間を超えており、時間も空間もない存在の中では、五大元素、光や暗闇、太陽や月が入って来ることはできない。時間も空間もない存在は、それが存在していることを知らない。それが現実であり、それが真理だ。

あなたがどれほどの瞑想、その他のことをしても、自分の真実の状態に留まることはできない。あなたが**究極**に安定するのは、「私は最高の状態である」という強固な信念によってのみだ。

通常、一般的な霊的探求者は、私が何を言わんとしているのかを理解しないことだろう。なぜなら彼は、自分が楽しめる何かを求めているからだ。あなたはこの世の中での利益、自分の日常生活の面倒を見てくれる何かを探しているにすぎず、あなたが霊的なことから期待していることはせいぜいその程度だ。霊性を追求しているいわゆる「賢者」たちは、自分たちの日常生活が安楽に続くことに彼らの野心を置いている。いったい全体なぜ私は存在するようになったのか？　誰もそのことを問わない。

徳と罪が終わった人だけがこの場所を訪れることだろう。「私は肉体－マインドである」という記憶の残骸があるかぎり、あなたは理解しない。

この話の全体はサットグルー・パラブラフマンとして知られている。その状態では何も必要がない。私の状態は宇宙の創造と消滅を決して感じないし、私はこの部分を今まで説明したこともない。私は宇宙の創造と消滅に触れられないままだ。

一九八〇年六月二七日

マハラジ　目覚めた状態、眠りの状態、そして「私は在る」の意識、これら三つはあなたの属性ではなく、化学物質の属性だ。「誕生」という言葉は何に対して適用されるのだろうか？　それは肉体を意識させる化学物質の誕生のことではないだろうか？　化学物質は真我が自分自身に対してもっている愛を意味し、真我はそれを継続したいと思っているのだ。

もし人が自分の本質とは何かを理解しなければ、すべての経験は苦しむための手段となる。すべての経験は記憶の結果であり、意識の中の単なる動きにすぎず、それゆえ長続きしない。幸福と不幸は来ては去って行くものだ。もしあなたが正しい観点をもつなら、それでも世界は平穏に進行していく。自然は死の制度をもっている。もし死が存在しなければ、耐え難い記憶の蓄積があることだろう。人々は生まれては死に、記憶が拭い去られ、それゆえにバランスの感覚があるのだ。

質問者　しかし、一時的だと知られていることが、それを楽しんでいるときはまるで永遠に続くように思われます。どうしたらいいのでしょうか？

マハラジ　あなたが何をやっても、最後にはそれは不幸となる。しかし、あなたはそれを止めることができない。なぜなら、それが肉体意識の本質だからだ。

死は悲劇的経験だと考えられているが、何が起こるかを理解しなさい。生まれたもの、「私は在る」の知識が終わるのだ。この肉体に制限されていた知識は、そのとき無限になる。そうであれば、何を恐れることがあるだろうか？

質問者　私の恐れは、愛したり、愛されたりというのができなくなることです。

マハラジ　どうか理解してほしい。他者に対する愛は意識的に意図的に感じることはできないものなのだ。愛の感情は理解されなければならず、それが理解されたとき、愛は自然に展開することだろう。真我に対する愛、それは「私は在る」という意識だが、これを真実の愛だと理解した者たちは自分自身が愛となる。すべてが彼の中に溶け込んだのだ。

肉体を機能させるこの化学物質は小さいものの中でも最小で、かつ大きなものの中でも最大のものだ。それは全宇宙を含み、それ自身が愛であり、神だ。その化学物質、その意識が光を提供し、そのおかげで世界はやってゆくことができるのだ。その愛は個人的な愛ではない。あらゆる存在に内在する原理こそがその愛であり、その生命力だ。この感情的愛から始め、自分の存在の中に住むことだ。何が起こっても、それは時間と空間の中の対象化された中で起こる。完全なる不在から多数のものが出て来た。肉体は生まれ、その空間を占め、そしてまた去って行く。しかし、**絶対**は影響されない。あらゆる出来事にもかかわらず、その永遠の状態が行き渡っているのだ。触れられ、目に見えるどんな世界がそこにあっても、それも何でもないものの中に溶け込んでいる。しかしながら、その何でもないものもまた一つの状態であり、だからその何でもないものもまた**絶対**状態の中へ去って行く。

質問者　どのようにして私は自分自身を肉体と一体化させたのでしょうか？

マハラジ　あなたが言及しているこの「私」、この肉体の中で混乱し、答えを知りたいと思うこの「私」とは何なのか？

質問者　わかりません。なぜ私は、自分とは何かがわからないのでしょうか？

マハラジ　私は自分とは異なるものだけを知ることができる。比較するべきものが何もないときに、どうやって何かはそれ自身を知ることができるだろうか？　それは単独で、アイデンティティをもたず、属性ももっていない。私たちは現象段階においてのみ、それについて話をすることができる。

私が病気になったとする。この病気とは何で、それは何の上に現れたのだろうか？　この病気は肉体、呼吸、「私は在る」という知識として存在しているものから分離していない。これは創造された一包みであり、何が起きても、その一包みに含まれている。妊娠以前には私はその創造されたものから分離していたし、そして今も分離したものであり続ける。それは起こり、そしてしばらく継続し、それからまたどこかへ行ってしまうことだろう。時間がこれをもたらし、また時間がこれを終わりにすることだろう。受胎されたものと誕生したものは、今も同じではないだろうか？　その「私」は妊娠から現在の瞬間まで変わっていない。それはある長さの時間だけやって来たのだ。

受胎されたものが肉体的に成長し、「私は在る」というこの知識の表現の一部が、巨大なことを成し遂げてきた。ある者はアヴァター（神の化身）になり、ある者は様々な分野で成功を達成した。しかし、寿命の終わりに、その素晴らしい人格と彼らが達成したことが何であれ、両方ともすべて消滅してしまった。それは長年続いたかもしれない。特定のケースにおいては、この「私は在るという性質」は何百年も存在が続いたかもしれない。しかし、どれほど長く続いたとしても、それでもそれには終わりがあるのだ。

こういったアヴァターやジニャーニの中には、「私は在るという性質」とは何かを理解し、またそれがそれ自身を顕現するためには肉体が必要であり、肉体はただ性的行為のみから生まれることを理解した者たちがいた。これを理解したあと、彼らは顕現から離れてその知識に留まり、ただ顕現を観察する代わりに、概念にすぎない顕現にアドバイスを与え始めた。すべての顕現は概念的なものだ。彼らは、「性的関係をもたないように」と言った。こういった多くのアヴァターやジニャーニはこのアドバイスを与えてきた。さて、何が起こっただろうか？　雨はやんだだろうか？　人が生まれることは止まっただろうか？　まったくそうではない。自然は自らのコースを取るのだ。それはただ理解されるべきことにすぎず、何も為されるべきことはない。

たった一つのことを覚えておきなさい。あらゆる時代を通じて不変で、全宇宙に行き渡っているのは、この「私は在るという性質」であるということを。顕現に関していえば、それが最高の神なのだ。

究極的には、それさえ一時的なものであり、私の本質は感覚以前のものであり、空間もなく、時間もなく、属性もない。しかし、顕現においては、この「私は在るという性質」が最高の神であり、あなたはそれと一つにならなければならない。

質問者　肉体が死ぬとき、もし私がまだ肉体と一体化していれば、生まれ変わりの問題があるのでしょうか？

マハラジ　あなたが肉体と一体化しているかぎり、何であれ聖典に書かれていることに従わねばならない。しかし、あなたが肉体との一体化を失えば、そのときには何でも好きなことをすることができる。

一九八〇年六月二九日

マハラジ　あなたがどんな概念を自分自身についてもっていても、それは真理ではありえない。「私は在るという性質」が第一の概念だ。そしてそれは、世の中の通常の仕事をそれにさせることで満たされなければならない。重要なことは、それは一つの概念であるという事実を理解することだ。

質問者　この世の中では、この概念は絶えず一番になろうとします。子供たちにさえ、私たちは「おまえは試験で一番にならなければいけない」と言います。自分の人格と個性を他人に押し付けることは悪いことでしょうか？

マハラジ　間違っていることは、あなたが自分自身をこの肉体と形に制限されていると考えていることだ。私が与えようとしている知識は、あなた方一人ひとりの中にある「私は在る」という知識に与えられるものであり、みな同じだ。もしあなたがその知識を個人として得ようとするなら、決してそれを得ることはできないだろう。

質問者　もし「私は在る」が一つの概念で、それが消えるとしたら、人はどうやってその概念が消えたことを知るのでしょうか？

マハラジ　「私は在る」が概念であることは、概念がそこにある間に理解されるべきことだ。いったんそれが原初の状態に溶け込んだら、知りたいと思う誰が（あるいは何が）そこにいるだろうか？　幻想の個人が消えてしまったのだ。

質問者　この「私は在る」は概念であり、それは終わることを私は確信しています。しかし、なぜ私はそれが偽の概念であることを受け入れるべきなのでしょうか？

マハラジ　まさにその思考はどのようにいつ出て来たのだろうか？　この思考はその概念それ自身の中の単なる運動として出て来たものではないだろうか？　もし意識がそこになければ、思考もそこにはないことだろう。

意識は一時的状態であり、それは時間も空間も変化もない全体的状態にやって来たものだ。それはやって来ては消えて行く出来事だ。

生まれたこの心身組織の束は、その与えられた寿命の間、苦しんだり、楽しんだりする。私は経験している者ではなく、唯一の知るものであることを私が知っているかぎり、どうして何かを心配したりするだろうか?

それは完全に明白なことだ。私は肉体やマインド、意識が笑ったり苦しんだりするのを単に眺めるだけだ。苦しみの中で、それは叫ぶかもしれない。けっこうなことだ。ただ叫べばよい。もしそれが楽しんでいるなら、それは笑うかもしれない。私はそれが一時的なことだと知っている。だから、もしそれが行きたいと思えば、それを行かせるがいい。私はあなた方に知識を伝えている間、同時に耐え難い苦痛も感じている。もしそれがもう少し耐え難くなれば、私はめそめそと泣くかもしれない。意識はしたいことをすることができ、私はそのことに関知しない。この意識とは何かを知らないかぎり、あなたは死を恐れることだろう。しかし、この意識が何かを本当に理解するときには恐れは去り、死ぬという観念も去っていくことだろう。

この意識は時間に縛られている。しかし、この意識を知るものは永遠であり**絶対**なのだ。

一九八〇年七月一日

マハラジ　いったん肉体が行ってしまったら、自分自身をキリスト、クリシュナ、仏陀などとして経験した知識は静まり、全体と一つになる。たとえあなたが彼らの悪口を言っても、彼らが来て「なぜおまえは私の悪口を言っているのか?」などと尋ねたりしない。なぜなら、これらの一つとしてそれ自身を経験した知識は、全体の中へ静まったからだ。同様に今のあなたは非常に偉大な人かもしれないが、眠るときは分離した実体としての自分自身を忘れる。

自分を個人だと言ってはいけない。ただ存在性の中にいなさい。すべての問題は、分離した実体という感覚なのだ。いったんそれが静まれば、それが本当の至福だ。「私は在る」が起こるとともに、全顕現が起こる。どんな活動においても、目撃しているのは「私は在る」であり、このすべてをおこなっているものはマーヤーであり、傾向であり、属性だ。これが私があなた方に教えようとしていることだ。しかしあなたは別の何か、顕現の中の何かを欲しがっている。あなたは知識を欲しがっているのだ。

「私は在る」というその知識は新しい。しかし、それは**現実**ではない。私があなたに話していない**現実**があるのだが、言葉は**それ**を打ち消す。私があなたに何を話しても、それは真理ではない。なぜなら、それは「私は在る」から出て来たからだ。真理は表現を超えている。

あなたはあらゆるところへ出かけ、個人としての知識を蓄積している。しかし、知識をこのように蓄積することは、あなたを助けはしないだろう。なぜなら、それは夢の中にあるからだ。

質問者　マハラジはここに来るすべての人たちについてどう感じているのですか?

マハラジ　私にはどうでもいいことだ。あなたはやって来て、私の話を聞き、また出て行く。もしあなたがそれを望むなら受け取ることだ。そうでなければ去るがいい。この部屋の空間は向こうの部屋の空間に賛成もしなければ反対もしないし、恋愛しているわけでもない。それは一つなのだ。

川が流れるように、もしあなたがそれを使いたいと思うなら、その水を飲み、それを吸収しなさい。そうでなければ、それが流れるままにしておくことだ。川がその水のことでお金を請求しないように、私もあなたにお金を請求はしない。あなたは毎日、多額のお金を使っている。だから、そのお金はとっておいて、私の水を飲みなさい。

私がそれについて話している間、私はあなたを泉の源泉へ連れて行く。そこには水がポタポタと落ちている。あとでこの水は、川になり、湾になり、海となる。私は何度も何度もあなたを源泉へ連れて行っている。いったん源泉へ行けば、実際には水がないのを知ることだろう。水とは「私は在る」という知らせなのだ。

これが唯一の原理、「私は在る」の原理だ。あなたが存在するから、あらゆるものが存在する。それをしっかり掴むことだ。さあ、あなたは聞いた。あとはそれに応じて生きなさい。

質問者　医者という仕事のせいで、私は常に忙しいです。どうしたらマハラジの言うようにできるでしょうか？

マハラジ　あなたは毎日世俗的な活動に従事している。しかし夜、眠る前にはすべてを忘れて、私が言ったことを考えなさい。あなたに言った一つの文章を取り上げて、それといっしょに留まりなさい。それがあなたを源泉へと導くことだろう。【マハラジが物語を語る】――ある人が男に出会い、飲み物をもらって飲んだあとに言われた。「私はその飲み物の中に毒を入れた。だから半年後におまえは死ぬだろう」。彼は非常に怖くなり、自分は半年後に死ぬと信じた。のちに友人に出会った彼は自分に起きたこと、そして半年後に死ぬことを話した。友人は彼に心配しないようにと言った。「さあ、これを飲みなさい。そうすれば死ぬことはない」。それで彼は嬉しくなり、それを飲んだ。

最初の概念で、彼は恐れでいっぱいになり、自分が死ぬことを確信した。しかし、あとで友人が最初の概念を否定する別の概念を彼に与えた。これが生命力の特性の一つであり、概念、観念、創造が何度も何度も得られる。あなたは真我を探すときに初めて、このことに気づくようになる。

幸福のまさに源泉はあなたの存在性だから、そこにいることだ。もしあなたがマーヤーの流れに関われば、みじめさがあることだろう。あなたはマーヤーの活動から喜びを得ようとしているが、これは存在性の産物なのだ。自分の存在性の中で静かにしていなさい。

私が話したことを記憶し、それを咀嚼《そしゃく》し、思い出すといい。それはあなたを静寂へと導くことだろう。その知識の中に安定するのだ。

質問者　そうすると、何が起こりますか？

マハラジ　自分の手に五本の指を見るのと同じくらい、このことが明白になるだろう。あなたはこの肉体が五大元素からできていて、五大元素の肉体がそこにあるゆえに、あなたの存在、意識が現れることを観察する。

あなたの存在性がそこにあるのは、この食物からなる肉体と生命-呼吸があるからで、肉体、生命力、存在性などといった要素のすべてを眺めることができるだろう。しかし、あなたは知識の中に安定しなければならない。手短に言えば、自分のアイデンティティとしての肉体-マインドの基準を一掃するということだ。これが為されるとき、あなたはイーシュワラであり、ブラフマンなのだ。

質問者　では、どうやって私はそれを高いレベルに引き上げることができますか？

マハラジ　そんなことは放っておくのだ！　高いレベルに上がるという問題はない。ただ理解するという問題があるだけだ。

イーシュワラは五大元素と宇宙が顕現したものであり、「私は在るという性質」だ。**絶対**に対して、その「私は在るという性質」の観照が起こる。これが**絶対**的観点、シッダ（真我を実現した人）だ。この理解はサーダカ（霊的修行者）であるあなたが獲得できるものではない。サーダカとはイーシュワラ原理や意識に安定する過程にあることを意味するからだ。

質問者　昨晩、非常に大きな波動を経験しました。実際には肉体はなく、ただ波動だけがあり、形がなく、非常に強烈なものでした。

マハラジ　どんな波動であれ、それは五大元素の産物だ。

質問者　これは「私は在るという性質」の味わいでしょうか？

マハラジ　もしあなたがそう表現したいなら、そうとも言えるだろう。これらは五大元素で、三つのグナで、プラクリティとプルシャと十の元素だ。これらはあなたの存在性の表現だ。

質問者　ではマハラジが、肉体－マインドではない意識の中にしっかりと安定するようにと言うとき、そのことは十の元素とどう関係するのですか？

マハラジ　肉体－マインドを超えて自分の存在性の中に安定するというような話は、幼稚園レベルの一番低い霊的探求者のためのものだ。しかし私は今、存在性の中に安定しているサーダカに対して話している。もう最初のレッスンは終わったのだ。

質問者　ああ、そうなんですか！

マハラジ　あなたの世界、あなたの宇宙は自分の存在性の表現だ。第二のステップは、サーダカが存在性に、顕現であるイーシュワラの原理の中に安定することだ。サーダカは顕現だ。

で、こういった話を聞いたあと、人はこの場所を離れ、出会う人たちに言うことだろう。「私はマハラジに会い、彼は話をしてくれたが、彼のせいで、もっと混乱がひどくなった」と。

質問者　マハラジの教えは非常に明確です。まず言えるのは、それが非常に速く起こること、つまり明確で、とても速いということです。

マハラジ　この顕現は自ら輝き、自ら創造されている。しかし、あなたはまだ何かを修正したがっていて、これを完全に通過していない。

質問者　それが、私が言っていることです。意識はあらゆるものであること、そしてそれがイーシュワラであることに気づいています。それから、強固にいすわっている肉体－マインド状態の習慣によって、修正したい、あらゆることを調整したいという願望が突然、自然発生的に出て来るのです。そして、その瞬間に何か別のことが起きて、それが「あなたはそれを調整することはできない。それはあるがままだ」と言うのです。起こっていることはそういうことです。

マハラジ　自分がそれに巻き込まれていないことを見なさい。

質問者　だから、私がここにいることがとても役に立つのです。

マハラジ　**絶対**は超然としている。睡眠状態で、「私は在るという性質」は忘却の中へと入り、その人は自分自身を忘れる。「私は在るという性質」は目覚めた状態と熟睡状態の配下に置かれているが、**絶対**もまたそこにある。あなたはそれが何を意味するかを正確には理解しないだろうが、あなたが存在性に安定し、それを超えるにつれて、自分が熟睡も目覚めも超えていることを理解するようになるだろう。なぜなら、それらは存在性の特徴にすぎないからだ。

質問者　その**絶対**ですが、**彼**はその「私は在るという性質」が眠ったときでも、何が起こっているかに気づいているのですか?

マハラジ　「私は在るという性質」はある種の道具で、「私は在るという性質」があるおかげで初めて、**彼**は観察できる。あなたが私の話を聞くとき、ある種の概念をもて遊ぶ。もしあなたが自分の概念に合致することを聞けば、あなたはとても幸福だ。あなたはそれが知識だと言う。しかし、私は完全にそれを爆破する。私はあなたのすべての概念を爆破して、あなたを概念のない状態に安定させたいのだ。

あなたの存在性は最も微細で、同時にその中に粗大な質を隠しもっている。ベンガルボダイジュの種を取ってみなさい。それは非常に小さく、非常に微細だが、その内部にはすべての粗大な物質を内包している。あなたの存在性は最も微細でありながら、全宇宙を含んでいる。それは継続的過程だ。種はあらゆるものを含み、繰り返し、繰り返し、繰り返す。いわゆる霊的探求者たちはブラフマンを欲しがっている。しかし、どうするのかというと、彼が欲しがるままにブラフマンが起こるべきだと思っている。あなたは自分の概念に従って、ブラフマンを再創造したいと思っているのだ。

質問者　そんなことをすれば、人はますます真理から遠ざかります。

マハラジ　あらゆることが真理――**絶対**だ。ブラフマンはあなたの存在性から創造されている。このブラフマンのすべては幻想であり、無知だ。**絶対**の観点から見れば、あなたの存在性はただ無知なのだ。

あなたが真我を理解するという霊的道を追求するとき、すべての願望は抜け落ちる。存在したいという第一の願望でさえもだ。あなたがしばらくその存在性の中に安定していれば、その願望もまた抜け落ちることだろう。あなたは**絶対**の中にいるのだ。

質問者　それが今日起こったことでした。それを理解することの中に、ある種の悲しみと、でも**絶対**の大きな理解があります。

マハラジ　その意識が**絶対**から絶えず繰り返し出て、また退却するだけで、あなたにとって運動はない。それがショーの世話をしているのだ。

あなたが意識の中にいるとき、あなたは意識の性質を理解する。この意識は消滅しつつあり、知識のあることは消えつつあるが、**絶対**であるあなたに何も影響を与えることはない。それが死の瞬間だ。しかし、何が問題だろうか？　生命－呼吸は肉体を離れ、「私は在る」は退却するが、「私は在る」は**絶対**へ行く最中だ。それは最大の瞬間、不死の最大の瞬間だ。「私は在るという性質」がそこにあって、その運動もそこにあった。そして私は、それが消滅することを観察する。死の瞬間に無知な者は非常に恐れ、奮闘する。しかしジニャーニにとっては、それは最大の幸福の瞬間だ。

一九八〇年七月六日

マハラジ　世界で起きるすべてのことは生命力（プラーナ・シャクティ）にもとづいているが、その観照者であるアートマンは完全に離れており、どんな行動もアートマンに起因させることはできない。

プラーナ・シャクティ、つまり生命ー呼吸を理解しないかぎり、またそれらの言語には生命ー呼吸を通じて流れる四種類の言葉があることを認識しないかぎり、マインドが何を言っても、あなたはそれを確かなものとして受け取るに違いない。そしてマインドの与える概念が、あなたにとって最終的なものとなることだろう。

質問者　四種類の言葉とは何ですか？

マハラジ　それらはパラ（源泉意識）、パシャンティ（思考の流出）、マディヤーマ（思考ー言葉の形成）、バイクハリ（外に排出される言語）だ。普通の無知の人は、全過程が始まるパラとパシャンティに気づいていない。それらはあまりに微細すぎるからだ。彼はマインドと一体化しているマディヤーマに働きかけ、言葉（バイクハリ）を放出する。

マインドが言葉と思考を投げ出すことで、私たちは自分のアイデンティティを「自分」とか「自分のもの」と間違える。しかし、何が起こっても、それはそれを観照しているものから独立しているし、それは完全に生命力にもとづいている。この意識は、間違ってそれ自身を肉体と思考と言葉に一体化してしまった。だから、それは自分自身が何かの罪を犯していると思ったり、何かの行為によって賞賛を獲得したと思ったりするのだ。しかし、あらゆることは単に生命力の行為を通じて起こるだけだ。

この生命ー呼吸、生命力を理解している者はマインドのすべての概念を超えている。それを理解しない者は自分の思考の奴隷だ。

質問者　マントラを長時間続ければ、それは消滅するのでしょうか？

マハラジ　マントラとマントラに対する信念の両方が消滅することだろう。マントラには目的がある。インドではマントラは非常に効果があるとされる。マントラに集中することで、マントラの背後にある形が空間から現れることだろう。しかし、こういったものはすべて時間に縛られている。人類は自分自身の存続、意識の存続のためにあらゆる種類の物事を進化させてきた。

私はもはや肉体にも生命-呼吸にも関心がないし、それらを存続させたいとも思わない。

三つの状態（目覚め、熟睡、「私は在る」という意識）と、三つの属性の束（三つのグナ）―サットヴァ（純粋性）、ラジャス（活動性）、タマス（不活発性）が生まれてきて、すべてはその束に起こるが、私はそれに関心がない。だから私は完全に恐れがなく、他の人たちにとっては悲劇的である病気に対しても、何の反応もしないのだ。

私は自分が生まれた者ではないと知ったが、それでもまだ長年付き合ったものには、ほんの少しだけ執着がある。八十四年間も付き合ったために、わずかな執着がある。言ってみれば、故郷から旧知の友が私に会いに来て去って行くとき、彼に別れの挨拶をするようなものだ。そこにはほんの少しの執着がある。なぜなら、私は彼を長い間知っているからだ。

生まれた意識は自分を肉体だと思い、三つのグナを通じて働くが、私はそれにはまったく関係がない。すべての物事は幻想だ。

質問者　死んだ後には、どんな記憶の継続もないのでしょうか？

マハラジ　サトウキビや砂糖があるときだけ甘さがある。もし肉体がそこになければ、どうしてそこに記憶が存続できるというのだろうか。存在性それ自身がなくなっているというのに。

質問者　人はどうやって残ったものを知るのでしょうか？

マハラジ　この部屋に二十人の人がいて、二十人みんなが部屋を出たら、そのとき残っているものはそこにあるが、部屋を出た人にはそれが何か理解できない。同様に、属性もアイデンティティもなく、無条件であるパラブラフマンの中にあっては、そこに尋ねるべき誰がいるというのだろうか？

このことは理解されるべきだが、誰かによってではない。経験と経験者が一つにならなければならず、あなたは経験にならなければならない。このパラブラフマンとはどんなものなのか？　その答えはと言えば、ボンベイ（現在のムンバイ）はどんなものかと問うようなものだ。私にボンベイの地理や環境を言ってはいけない。私にボンベイを少し与えてみなさい。ボンベイとはどんなものか？　だから、パラブラフマンについてもまた、それが何かを言うことは不可能なのだ。パラブラフマンを与えたり、取ったりすることはできず、ただあなたは**それ**であることができるだけだ。

質問者　私たちは、マハラジが享受している状態になりたいのです。

マハラジ　永遠の真理はそこにあるが、観照がなければ、それは無駄だ。あなたが宗教や霊性の名のもとに研究していること、あるいは研究しようとしていることが何であれ、それらを放棄して、ただ一つのことだけをやりなさい。つまり、その「私は在るという性質」や意識は神性の原理であり、生命－呼吸がそこにあるかぎり、それはそこにある。それが現在のあなたの本質だ。あなたはただそれだけを崇拝しなさい。その「私は在るという性質」はサトウキビの甘さのようなものであり、自分の存在の甘さの中に留まっていなさい。そのとき初めて、あなたは永遠の平和に到達し、そこに留まることだろう。

質問者　マハラジといっしょにいると、私は自分の体の中で生命エネルギーが集中され、強化されるように感じます。

マハラジ　瞑想を実践すると生命力が浄化され、それが浄化されるとき、真我の光が輝き出す。しかし、働いている原理は生命力だ。この浄化された生命力とアートマンの光が融合すると、そのとき概念、マインド、想像などのあらゆることが取り去られる。生命力が活動原理であり、人に感覚を与えているものは意識だ。

質問者 これが伝統的なシバやシャクティの意味することでしょうか？

マハラジ シバとは意識を意味し、シャクティとは生命力のことだ。人々は与えられた様々な名称を追い求めるが、根本原理を忘れている。ただ座って黙想し、意識がそれ自身を展開するのにまかせなさい。さあ、あなたは何を理解したのだろうか？

質問者 この意識はそれ自身のより大きな感覚を得始めていて、プラーナと肉体のエネルギーが強化され、集中され、それは浄化の過程のように思われます。

マハラジ この意識とプラーナ・シャクティが融合するとき、それらはブラフマーランドラ（開かれた頭頂）に行き、そこに安定する傾向がある。すると、すべての思考が止まる。これがサマーディの始まりだ。それからまた人は戻って来て、生命力は通常の活動を開始するのだ。

一九八〇年七月九日

マハラジ　意識をもっているのは個人ではなく、無数の形態を装っているのが意識であることを理解しなさい。生まれた何か、あるいは死んでゆく何かは、まったく想像上のものだ。それは不妊の女性の子供（訳注：全現象を表現するマハラジ独特の言葉で、全現象は本当は存在していないという意味）だ。

「私は在る」というこの基本概念がなければ、どんな思考もなく、どんな意識もない。

質問者　もし人が意識、存在の中に留まれば、それは自動的に起こり、人は意識を超越するだろうとマハラジは言いました。本当に、それ以上何もするべきことがないのでしょうか？

マハラジ　たとえば、私がここに座っていて、あなたがやって来たとしよう。私はあなたがそこにいることを知るようになり、観照が自動的に起こる。何か為されただろうか？　いや、何も為されてはいないのだ。だから、それはそのようなもので、単純なことなのだ。あなたはそのことを理解するべきだ。未熟なマンゴーが自然に熟れたマンゴーになるように、それはただ起こる。多くの人たちは意識の状態にいて満足している。

質問者　私はマハラジと同じ状態になるまで満足しないことでしょう。

マハラジ　この瞬間、あなたが自分を何だと思っているにせよ、それを取り除くとき、あなたの本質が何であるにしても、それが自然にあるのだ。グルの言葉の中に留まりなさい。

質問者　人がマハラジの教えを読むとき、人は彼の仲間になりたいと非常に強く思うのです。そこには、とても元気づけられる何かがあります。それは重要なこと、ないし本質的なことでしょうか？

マハラジ　あなたのすべての疑いを取り除くことは非常によいことだ。そういうわけで、質問と答えが要求されるのだ。ここは、あなたがすべての概念を取り除く場所だ。ビャクダンの木の近くにある木々は、近くにあるゆえに同じ香りをもつ。

真我とは何か？　もしあなたが拡張したいと思うなら、全世界がその顕現だ。同時にそれは非常に小さい。それは種の存在性、言わば一個の原子、「私は在るという性質」の一刺しなのだ。

これはまさに愛の源泉だ。そういった潜在能力がそこにあり、その愛を全世界に提供しながら、それ自体は種である「私は在る」に留まっており、それが「私は在る」なのだ。「私は在るという性質」のその一刺しというか感触がすべての本質の真髄だ。

人はグルの言葉に確固たる忠誠と信頼を置かねばならない。ここで私は、他の賢者がすることを繰り返したり、真似したりはしない。私はどんな宗教の擁護もしていない。私はどんなことに対しても見せかけも立場もないし、男や女でさえもない。あなたが見せかけや立場を受け入れた瞬間、その見せかけに関連したある種の修行に従うことによってその見せかけの世話をしなければならない。私はただ真我にだけ留まっている。

私以前にはどんな人も実際に存在していなかったと私は確信している。私の存在性が現れたときに、すべてが現れた。私の存在性以前には、何もなかったのだ。元々は、私はどんな汚れもなく、どんなものにも覆われていない。

パラマートマン（至高の自己）が核なる真我であり、最高の真我だ。そのアイデンティティにはどんな汚れもなく、空間よりも霊妙だ。

なぜあなたは死んでゆくのか？　自分は存在していることをあなたが理解する、その最初の瞬間を理解しなさい。あなたの存在は何のせいなのか？　どうやって存在するようになったのか？　いったんこれを理解すれば、あなたは神々の中の最高位であり、あらゆるものがそこで起こる点だ。源泉と終わりは同じ点だ。いったんそれを理解すれば、あなたはその点から解放される。しかし、誰も「私は在るという性質」、この出来事を理解しようとしない。私である**絶対**はこの「私は在るという性質」ではない。

瞑想において、あなたの存在はそれ自身の中で非二元の状態に融合すべきだ。そこに静かに留まりなさい。概念の泥沼から抜け出そうと奮闘せずに、ただより深く行きなさい。そこで静かに留まりなさい。

一九八〇年七月一五日

マハラジ　私が話したことはあなたにどんな影響を与えただろうか？

質問者　マハラジが何を話しても真理ですが、また私に道を示してくださるように求めてもいます。マハラジはサーダナ（修行）は道ではないと言いますが、しかし「私は意識である」という決意は非常に困難です。私は修練をしています。

マハラジ　誰が修練をしているのか？　修練には形がなく、それはこの肉体に居住している。それはどれだけ続き、何をもたらすのだろうか？　ただ真我にだけ留まりなさい。そのときまで、それはサーダナを続けることだろう。いったん真我の中に安定したら、目的、修練している人、修練の過程はなくなってしまうのだ。サンカルパ（思考、願望）は必要性、目的を示している。

質問者　サンカルパとは何ですか？

マハラジ　あなたが医学の学位を欲しいと思うなら、それがサンカルパだ。サーダナは学習、修練、宿題だ。あなたは今日、私に会いたいと思った。それがサンカルパだ。あなたはここまで歩き、階段を上って来た。それがサーダナだ。そのサンカルパにはどんな形もなく、サンカルパを作る人もまたどんな形もない。あなたが形と一体化するかぎり、修練は続くことだろう。いったんあなたが目的に到達すれば、それはつまり、あなたが肉体ーマインドではないということだが、そのときにはどんな修練もない。あなたはバガヴァッド・ギーターを大いに信仰しているようだが、そうなのかね？

質問者　はい、そうです。

マハラジ　ギーターは主クリシュナによって詠《うた》われた歌だ。彼は私が今あなたにこの話を詠っているように歌を詠った。私の話も詩による讃歌だ。あなたはバガヴァッド・ギーターを読み、それを唱え、それを記憶した。しかし、重要なことは何だろうか？　あなたはギーターを詠ったクリシュナを知らなければならない。あなたは彼の知識、彼のあるがままを得なければならない。

それが肉体化ということではないだろうか？　手短に言えば、何でもないものから形が生まれる。その何でもないものが形へ降りる、それがアヴァターだ。通常私たちは、何でもないものから人がそこに現れたと言うが、これらの偉大な人格や偉大な賢人の場合にはアヴァターと言う。あなたはクリシュナをそのように理解しようとしているだろうか？　いや、あなたはある概念を創造し、彼を理解しようとしているのだ。しかし、それは正しくない。何でもないものから彼は存在した。どうやってそれは起こったのだろうか？　この肉体化、アヴァターや形に降りて来ること、それこそあなたが理解しなければならないことだ。これはいったい何なのか？　肉体化の前には、その人格は自分自身についてどんな知識ももっていなかったが、この肉体化のあとに自分自身を知り始めた。何かコメントがあるかね？

質問者　アヴァター以前には、彼は自分自身の知識がなかったのですか？

マハラジ　このアヴァターの中に降りて来る以前は、その知識の特質はそこにはない。

質問者　しかし、パラブラフマンは……

マハラジ　これらはすべて概念的な称号と名前にすぎず、それらはあなたにとって足かせだ。あなたの核である真我の中ではどんな称号も名前の押し付けもないのに、外側であなたがそれを受け入れたのだ。「私は在る」という知識をもって肉体化した人は誰でも、名前だけでこの世の中での活動を続けている。内なる核、「私は在る」にはどんな足かせもない。私はこの足かせではなく、ただ「私は在る」だけだということがいったん理解されたら、そのときにはどんな解放も必要ではない。それ自身が解放なのだ。

あなたは主クリシュナについての歴史的事実を知っているかもしれないが、この肉体化とは何なのかを理解しなければならない。名前は足かせであり、束縛だ。あらゆる人が足かせをはめられているのは、その人が肉体と一体化しているからなのだ。その名前と形をもたずに話し、質問するようにしなさい。

質問者　私がもっている唯一の言葉は、名前と形をたくさんもっています。それは感謝という言葉です。私がここに来て以来、マハラジが私を祝福してくださっていることに対する感謝です。自分の生涯でたった一人でも賢者に会うことさえ、たとえようもない恩寵でしょう。そして教えという形で、あなたからこのように多大な恩寵をいただいたことが、ただただ私を感動させます。言葉では言い尽くせないほど感謝しています。

マハラジ　恩寵ということで、あなたは何を意味しているのだろうか？　恩寵とは、あなたが私のところへ来たという意味だ。私とそのあなたはただ一つだ。私たちが一つであることをあなたが理解することが恩寵なのだ。

質問者　その内容は、理解することが最も困難です。

マハラジ　つまり恩寵とは全体性や完全性を意味し、分割がないということだ。

質問者（別の人）　なぜ私は追放されているのでしょうか？　なぜ真理が見えないのでしょうか？

マハラジ　あなたが追放されているのは、あなたが肉体－マインドや自分は肉体であるという記憶と一体化しているからだ。その一体化と記憶を放棄すれば、そのときはあなたが何を見ても真理になる。

あなたがこの三つの実体の集まり、つまり肉体、生命力、「私は在るという性質」の感触を得ると、それは非常にまれで、貴重な機会となる。あなたはこれがあって初めて、**絶対**へとまっすぐに到達することができる。あなたは**絶対**の中に留まることができるのだ。

人々は霊性の名のもとにジャパや苦行などの様々な種類の活動をおこなっている。いったんあなたがその俳優という見せかけを受け入れたなら、修練とそれに関連するすべての苦しみを経験する。これはあなたを**究極**や**絶対**へとは導かない。

あなたにとっての最初のステップは、その生命－呼吸を敬うことだ。ここであなたはその生命－呼吸の鼓動に注意を集中しなければならない。そしてそれといっしょに、名前のジャパを実践する。あなたがそれをおこなうとき、生命－呼吸が浄化され、その浄化の過程で、この存在性が開かれてくることだろう。ただ神の名前を唱えることは生命－呼吸に集中することだ。そのマントラの意味とは、あなたは名前や形ではないということだ。

二十四時間中、この生命－呼吸や生命力は様々な認識を通じて、あなたのすべての経験のイメージを記録し、必要なことは何であれ記憶する。あなたは自分の知力でそれをすることができるだろうか？

質問者（新しく来た人）　私はマウンテン・パス（ラマナ・マハルシのアシュラムが発行している雑誌）の中のマハラジについての記事を読み、あなたの祝福を得るために来ました。

マハラジ　あなたが霊的に獲得したもの、あらゆるものは非常にいいものだ。しかし、あなたが最終的に自分自身を理解したとき、こういったすべては役に立たず、不要であり、余分であるという結論に至ることだろう。

質問者　ですから、私はマハラジの祝福を求めているのです――その経験を得るために。

マハラジ　最高の状態においてはどんな経験もない。経験、経験すること、経験者、これらのすべては一つのものだ。

質問者　その状態に到達するように、マハラジに一押ししてもらえませんか?

マハラジ　誰かがすでにあなたを一押ししたのだ。だから、あなたはここに来ている。今度はその前面から後ろへと押されている。源泉に退きなさい。［別の人に向かって］あなたのおしゃべり機械は故障でもしたのかね?

質問者　この肉体を得る前、私はすべてを知っていたのでしょうか?

マハラジ　あなたは完全で全体だったのだ。

質問者　この肉体に閉じ込められているただそのせいで、私は苦しんでいます。

マハラジ　あなたはどうやって両親のもとへ到達したのか？　そのことをよく考えてみなさい。

質問者　私はその願望をもっていたのでしょうか？

マハラジ　さしあたって、あなたがその願望をもっていたと仮定しよう。では、あなたはどうやって両親に到達したのか、私に言ってみなさい。

質問者　わかりません。

マハラジ　あなたが**知らない**ことは何であれ、完全だ。あなたが**知っている**ことは何であれ、不完全で詐欺によって手に入れたものなのだ。

質問者　ただ肉体の中に閉じ込められているという理由で完全になりたいと苦闘しますが、私は完全ではありません。

マハラジ　なぜあなたは、肉体の中にこのように閉じ込められていることを心配しているのだろうか？

質問者　誰が心配しているのでしょうか？　それは私ではありえません。

マハラジ　心配症なのはあなた**ではない**。それは知性の問題だ。（マハラジが英語で「あなた、ではない！」と言う）。私は今、英語でしゃべっている。

質問者　英語という言語は祝福されています。

マハラジ　私の教えは英語を通じて外国人の間に広まっている。何千人の非常に知性のある人たち、非常に進んでいる人たちの間でだ。私の知識が外国で大いに燃え上がっているという事実は素晴らしいことだ。それはアメリカで広まり、そこからインドへ戻って来ることだろう。インド人がそれを受け取るとき、「それは外国で認められているから、私たちもそれを受け入れよう」と言うことだろう。インド人とはそういうものだ。もし誰かがアメリカかイギリスで働いて戻って来ると、それが皿洗いだったとしても、大勢の人が彼に会いに行って花輪を捧げる。それが私たちの性質なのだ。

質問者　ラマナ・マハルシは偉大な賢者でしたが、インドではそれほど知られていませんでした。ポール・ブラントンが英語で彼に関する本を書くと、みなが会いに行くようになって有名になりました。

マハラジ　そういうことだ。ラマナ・マハルシはポール・ブラントンによって発見され、私はモーリス・フリードマンによって発見されたのだ。

一九八〇年七月一九日

マハラジ　最も微細なものから最も粗雑なものに至る霊的階層において、あなたは最も微細なものだ。どうやってこのことは理解されうるのだろうか？　最も根本的なことは、あなたは自分が存在していることを知らないのに、突然「私は在るという性質」の感覚が現れるということだ。それが現れた瞬間にあなたは空間、思考空間を見る。その微細な空《そら》のような空間があなたをそこに安定させる。あなたはそれだ。その状態に安定することができるとき、あなたはただ空間であるだけだ。

空間のようなこの「私は在る」のアイデンティティが消えるとき、その空間もまた消え、どんな空間もなくなる。

その空間のような「私は在る」が忘却に入るとき、それはニルグナ、つまり形も存在性もない永遠の状態だ。実際、そこで何が起こったのだろうか？　この「私は在る」にはどんなメッセージもなかった。

この状態に関して、私は多くを語ることができない。なぜなら、言葉で表現できる余地がないからだ。

質問者　マハラジはサマーディに入りますか？

マハラジ　私は最高の中に安定している。だから、サマーディに入ったり、あるいはサマーディから降りて来たりすることはない。それは終わっている。

質問者　私たちは瞑想を続けるべきでしょうか？

マハラジ　このことは、あなたが瞑想を放棄する言い訳を意味しているわけではない。あなたはもはやどんな瞑想もないと感じる段階に至るまで、瞑想を続けなければならない。瞑想の目的が得られたら、それは自然に抜け落ちることだろう。

質問者　最高の状態に至る道はどれでしょうか？

マハラジ　その状態に入るという問題ではないのだ。あなたはその**最高の状態であり**、もっている無知が何であれ、それは抜け落ちることだろう。

私は医者たちから話さないようにアドバイスされている。だから、私はあまり話さないのだ。

質問者　死によって自分の肉体を失いたくないという願望がありますか?

マハラジ　賢者はそんなことに関心をもっていない。

質問者　真我の願望ではなく、肉体の願望がありますか?

マハラジ　あなたはその存在性が管理活動をしていると思っているかもしれない。

これは非常に複雑な謎だ。あなたは自分が知っていること、自分が読んだことを何であれ捨てて、誰も何も知らない**それ**について確固たる信念をもたなければならない。あなたは**それ**についてどんな情報も得ることはできないが、**それ**については確固たる信念をもたなければならない。それは何とむずかしいことだろうか。

たいていの人たちは、**存在する**という状態には到達するが、しかし、**存在しない**状態には誰も到達しない。その状態に到達するのは非常にまれなことだ。それはすべての知識を超越している。

最も本質的なことは、「私は在る」という知識だ。それを求め、それを自分のものとしなさい。もしそれがそこになければ、何もない。あらゆる段階の知識は、ただこの「私は在る」という知識の助けがあって初めて得られることだろう。

何も知らない**絶対**の状態から、この「私は在る」という意識が自然に現れた。それには何の理由もなく、原因もない。目覚めた状態、熟睡、五大元素、三つのグナ、そしてプラクリティとプルシャといっしょに、意識は自然にやって来た。それからそれは肉体を自分自身として抱きしめ、それゆえ男とか女として一体化している。この「私は在るという性質」は存在したいというそれ自身の愛をもっている。それは留まっていたいし、自分自身を永遠にしたいと思っているが、それは永遠ではない。

この移ろいゆくショーは次のような状況に似ているかもしれない。仮に私が健康で元気でやっていたとしよう。ところが突然私は病気になったので、医者が薬をくれた。三日後私の熱は消えてしまった。だから、三日間のこの熱の段階が「私は在る」という意識なのだ。まさに移ろいゆくショー、時間に縛られた状態といったものだ。この原理は存在することを愛している。そして、それを軽んじてはいけない。それは非常に神々しい原理だ。この「私は在るという性質」が全宇宙を含んでいるのだ。

しかし、そのすべてが非現実だと言われている。いつそれは非現実だと確証されるのだろうか？　ただ人がこの一時的局面を理解したときだ。そして、これを理解する過程において、人は**絶対**の中にいて、そこからこれが一時的で非現実だと理解する。

私の現在の状態では、私は多くを話すことができない。問題は、あなたがこれを現実だと受け入れているので、私はそれを覆すためにたくさん話さなければならないことだ。しかし、私は今それができる状態ではない。だから、帰ってバジャンをやりなさい。

一九八〇年七月二〇日

マハラジ　あなたはこの世界で肉体とマインドを経験しているが、自分のアイデンティティについていったい何を知っているのだろうか？　あなたは自分のイメージをもっているが、そのアイデンティティは一時的なものにすぎない。

質問者　マインドとは何ですか？

マハラジ　マインドとは生命－呼吸の言語だ。そのマインド－言語は、それが集めた印象について語るだけだ。「私は在る」という知識は思考ではなく、思考を観察している。

プラーナから現れたプラーナバ（宇宙の音）は音の始まりであり、その音の中に存在することへの愛がある。最も内奥の最も微細な原理は、言葉ではない「私は在る、私は在る」という痛烈な原理で、それによってあなたは自分が存在していることを知る。それはどんな形もイメージもなく、ただ存在性だけであり、存在することへの愛だ。

パラ・シャクティは存在性、あるいは存在することへの愛だ。パラ・シャクティの次の段階はパラ・シャンティであり、それは形成中でまだ知覚されない段階だ。次の段階がマインドの形成で、言語がマインドの中で形成され、次に言葉の爆発、音声の言葉となる。この過程の中で、あなたはどこにいるのだろうか？　これが起こっている過程だ。
あなたのために私は、あなた自身の存在性についての大いなる秘密の知識がどのように現れるのかを詳細に説明している。それこそが私の話していることだ。
この劇はただ起こっているだけで、あなたは役割を演じてはいない。あなたが無知であるとき、自分はこの顕現世界で役割を演じていると思っている。誰も意図的には演じておらず、それは自然発生的に起こっているのだ。あなたはこの過程で、何も主張することはできない。あなたが完全に知るとき、この存在性さえまた幻想であるという結論に至ることだろう。

質問者　それが幻想、あるいは無知であると誰が認識するのですか？

マハラジ　そのものだけがすべてを無知だと認識するか、観照する。そのものはそのものを理解することはできず、ただ無知を目撃し、理解することができるだけだ。このすべてを無知だと理解できる者は、知者だ。なぜあなたは私をジニャーニと呼び、私の話を聞いているのだろうか？　それは私が子供のその無知、「私は在るという性質」を認識し、理解し、それを超えたからだ。
最終的にはあなたも、自分が世の中で話したり、動きまわったり、機能するために使っているその原理はあなたではないということを理解しなければならない。

質問者　私は過去の様々な賢者たちや有名な人たちについて多くの話を読み、聞いてきました。彼らはみな違っていますし、様々な団体などを設立しました。なぜそうなのでしょうか？

マハラジ　それは彼らが時代や状況に従って概念を教えたからだ。しかしそれらはその時代や状況のみに意味がある概念にすぎない。そして、彼らの概念は宗教へと発展していった。

あなた方はみな自分が霊的に非常に物知りだと思っている。あらゆる利益を引き出そうと考える前に、まず第一に自分のアイデンティティとは何かを発見しなさい。

一九八〇年七月二一日

質問者　なぜ私はこの形をとったのでしょうか？

マハラジ　それはあなたが愚かだったからだ。もしあなたがそれについて何か知っていたとしたら、あなたはこの世に生まれ出て来なかったことだろう。

質問者　最初、私はどんな形ももっていなかった。これはそうなのですか？

マハラジ　そうだ。あなたは今でさえどんな形ももっていない。それはあなたの形ではなく、種の形なのだ。

質問者　種から木が成長するように、成長するというのがその種の性質なのですか？

マハラジ　それがその性質だ。

質問者　では、私には責任がないわけですね。その種が愚かに違いありません。

マハラジ　種が愚かだから、それはこのように出て来たのだ。種は根源的に愚かな状態であるが、それにもかかわらず、その種には何という大きな称号が与えられていることだろうか。種は一時的で移ろいゆくものであり、全世界が種で満ちている。すべての五大元素、すべての物質的世界はその種の中にある。しかし、あなたは種ではない。あなたは種の観察者だ。

何世紀もの間、西洋人は霊的な事柄に興味がなかったが、今彼らはあらゆる豊かさにもかかわらず、真の平和を得られていないことに気づいた。それで、彼らは今真理を探し求めている。あなたは真理に近づけば近づくほど、世俗的事柄に関心を失う。そういった人はこの世の中に特別の関心もないが、それでも普通の人のように行動することだろう。

霊性の要点は、真我や神、世界について決定し、判断を下すことに他ならない。それはいったい何なのか？　あなたは最初にこの質問を片付けなければならない。
この世界は、あなたが自分の肉体と関わるために利己主義でいっぱいだ。いったんこれらの原理が何かを知るなら、あなたは人としての実体を解消し、その過程で利己主義は消える。なぜなら、あなたはもはや個人ではないからだ。

質問者　どうしたら私は恐れを手放し、真実の状態にいることができるでしょうか？

マハラジ　あなたはすでに自分の真実の状態にいる。しかし、マインドのせいで二元性が入り込み、それゆえあなたは恐れている。肉体とマインドの関わり合いは肉体-マインドへの愛のせいだが、それはいずれなくなってしまうものだ。それゆえ、あなたは恐れるのだ。

質問者　世界というのは私の感覚によって与えられたものです。あなたが「私は在るという性質」の状態を超えるとき、世界を経験するのですか？

マハラジ　超えて行くという問題はありえない。私は決して生まれなかったし、死ぬこともないからだ。何があるにせよ、それは常にある。超えて行くというのは、あなたが今まで蓄積したすべての他の観念を取り除くための観念にすぎない。あなたは誕生について考えている。あなたは自分の誕生について何か知っているのかね？

質問者　いいえ、私は自分が生まれたことを知りません。私は自分が本当には生まれたと感じませんが、それにもかかわらず、世界は非常に現実に見えます。

マハラジ　世界のことは心配しないように。まず最初にここ、「私は在る」から出発し、**そのあと**で世界が何であるかを発見しなさい。この「私」の本質を発見しなさい。

質問者　なぜ現実ではない「私」について発見するのですか？

マハラジ　「私」こそが、そこからあらゆるものが出て来る種だからだ。もし種がなければ宇宙もない。どうやってあなたはこのいわゆる物質世界に入って来たのだろうか？　ここではすべてが一掃されることだろう。私はあなたのために、故郷へ帰るようにと招いているのだ。

一九八〇年七月二二日

マハラジ　こういったすべての議論は観念の交換であり、マインドの娯楽であり、のんびりと時間をつぶすためのものだ。

質問者　もし人が何らかの努力をしなければ、どこへも行き着きません。

マハラジ　何らかの進歩が為されなければと考えてはいけない。たとえそれが概念的なものだろうと、あなたは何かをやり続けることだろう。しかし、自分がすでにそこにいることを理解したものは、いったい何をするというのだろうか？

質問者　そうですが、でも、そこには大きな自己欺瞞の余地があるのではないでしょうか？

マハラジ　誰が自己欺瞞《ぎまん》に陥るのか？

質問者　経験上のエゴです。

マハラジ　どんな実体もない。だから、現象的な物体が何かを達成することは不可能であり、エゴも単に現象的な物体にすぎない。

質問者　一歩引き下がるために、人は何らかの努力をするべきではないでしょうか？

マハラジ　何もしないということは、どんな種類の行為を意味するのだろうか？

質問者　私たちの通常の生き方は一体化です。もし私たちが一歩引き下がったら、質的違いがありますか？

マハラジ　あなたの娯楽を続けなさい。しかし、自分が何かをやっていると誤解してはいけない。

質問者　「私は神だ」と言っても、どうして人々は私の前にひれ伏さないのでしょうか？

マハラジ　もしあなたが神であることを真に理解したなら、その確信の前にアイデンティティを失ってしまい、全顕現と融合していることだろう。だったら、いったい誰がひれ伏されることを期待するのだろうか？

質問者　何かをするために自分の意志を使うということはありますか？　もし人がマントラを唱えたり、瞑想をしたりして目覚めていようと努力し、眠りの状態から自分を引っ張り続ければ、その人は何かをしているのではないでしょうか？

マハラジ　探求者の段階であれば彼がしていることは正しいかもしれないが、しかし彼はすぐに探求の過程で探求者が消えてしまうことを発見するだろう。探求者が消えたとき、何かをするという問題はなくなる。後に探求者はすべての行為をおこなっていたのは自分の本質ではなく、「生まれた」というラベルが自分の本質に貼られたことで、意識が目覚めと睡眠状態、そして肉体にそれ自身を一体化させたのだと理解することだろう。行為はこれらの束全体がおこなっていたのだ。しかし、探求者はこれらの束ではない。この私の肉体は知覚できるものだが、私の本質は肉体と意識が存在する**以前**からあった**それ**だ。マインドによって感覚的に見られたり、解釈されたりするすべては意識の中の見かけであり、真実ではない。私は自分の経験以外は話しておらず、自分が理解し、経験したことだけを話している。それは非常に単純なことで、私の経験は時間に縛られており、時間に縛られているすべては真実ではない。なぜなら、時間それ自体が概念だからだ。

私が話していることはこの単純な事実にもとづいているし、それは私の経験にもとづいている。もしそれがこの瞬間にあなたのマインドに訴える概念なら、受け入れなさい。そうでなければ、受け入れてはいけない。

あなたがどうしても何かをしたいというなら、自分がまったくすることができないことをやりなさい。それが非存在の状態だ。

質問者　マインドの中には何かを実現したいという落ち着きのなさが常にあり、それ自体が障害のように見えます。

マハラジ　あなたはマインド以前にいるのか、それともあとだろうか？

質問者　マインド以前です。

マハラジ　では、マインドのことは心配しないように。自分の日常生活に役立つ程度にマインドを使い、それ以上は使わないようにしなさい。

知者はマインドを通じて獲得できるどんな経験も、ただ実体のないものとして観照し、打ち消す。この世界の出来事はマインドの領域にある。だから、いったん自分がそのマインドではないと理解したら、いったい何を心配するというのだろうか？　これは一時的局面であり、不完全で、不適切だ。

質問者　存在性でさえ、不完全で一時的な局面なのでしょうか？

マハラジ　その意識は本質的に食物の本質からなる肉体の産物であり、肉体は「私は在る」が維持されるための燃料だ。あなたは肉体が何であるかを観察しないのだろうか？　それはほんの少量の食物と水ではないだろうか？　現在、あなたはこの「私は在るという性質」の中に巻き込まれているが、あなた――**絶対**であるあなたはこの「私は在るという性質」ではない。

質問者　あなたが言っていることは、人がマインドの中で認識するようなこの「私は在るという性質」でさえ、実際のそのあるがままではないということですか？

マハラジ　次のように考えてみなさい。これは腹痛とか首の痛みと同じくらい、いいことでもあり、悪いことでもある。完全な状態では、私は決して痛みがなかった。しかし、この「私は在るという性質」がそこにあるとき、突然私はその痛みを感じた。そしてまた、その「私は在るという性質」が融合し、消え、「私は在るという性質」がなくなったとき、私は完全な状態になる。私は「私は在るという性質」がなかったことを確実に知っている。ちょうど慢性的な痛みに苦しまなければならないように、私はこの存在性に苦しんでいる。私がどんなレベルで話しているのか、どんなレベルへあなたを導こうとしているのか、ただ理解しなさい。

この霊的な話がどこへ飛行したのか、ただ想像しなさい。あらゆるところにある通常の霊的アプローチは、非常に多くの称号でこの意識を崇拝する。しかし、私にとってはそれは苦痛であり、私はそれを取り除きたいのだ。

一九八〇年七月二三日

質問者　マハラジは必要なことはただ気づくことだけだと言います。しかし、マインドは疑いを投げかけ続け、特に「為されるべき修練や何かがもっとあるはずだ」と言い続けます。

マハラジ　すべての活動は意識、マインド、生命力の領域にある。マインドを知るものはただ観照者だ。それはどんなことも妨害しない。

グルの恩寵は、あなたは**在る**という知識を意味している。あなたがこの信念に安定するとき、それは恩寵となって、あらゆる知識を開き、与えてくれることだろう。

もしあなたがそこにいるなら、そのときにはあらゆるものが計り知れないほどそこにある。あなたは自分が存在しているという事実の重要性がわかっていない。あなたは自分の存在の表現であるすべての顕現に押し流されているのだ。

質問者　私の傾向は内側を見ることではなく、外側を見ることです。

マハラジ　それは「私は在るという性質」の特質であって、**絶対**であるあなたの特質ではない。あなたは肉体を自分の真我として抱きしめている。それはまた表面的なことであり、あなたは肉体の内側で何が起こっているのかも知らない。

質問者　おっしゃるとおりです。私は自分の器官で何が起きているのか、それらがどう活動するのかを知りません。

マハラジ　この広い世の中で起きているすべての活動、そのすべてのサンプルはまたあなたの肉体の中でも起きている。

質問者　存在している**それ**は、**それ自身**を知らないのでしょうか？

マハラジ　その状態では、あなたは自分が存在していることを知らない。存在性という道具というか手助けがあって、あなたは自分が存在していることを知る。

質問者　その道具で、私たちは超えようとするのでしょうか？

マハラジ　意識を超えようとしないで、この悪ふざけをしている存在性とは何かをただ認識し、理解しなさい。意識は存在していなかったという証明はあなたにだけある。**絶対**であるあなたがその証明だ。

この存在性は自然発生的に、求められなくてもやって来て、**絶対**であるあなたによって観照されつつある。質問しなさい。あなたにはもう二度とこんな機会はないだろうから。

質問者　質問より、私はただマハラジとともにいることを切望します。

マハラジ　それはきわめて適切なことだ。ただここに静かに座って話を聞いているだけで、あなたのマインドは消滅させられることだろう。再びマインドが芽生えるときは、質問することでその機先を制しなさい。

マインドは芽生え、様々な概念でそれ自身を表現する。その邪魔をせずに、ただ流れさせなさい。マインドの概念の顧客になってはいけない。

質問者　食べ物を手に入れたり、決まった時間に食べたり、お金を稼いだりするといったような物事、こういったすべてはマインドの概念であり、マインドはそれらに反応します。こういった物事に反応せずに、人は生きていけるのでしょうか？

マハラジ　ぜひマインドを使いなさい。しかし、マインドの中でさ迷ってはいけない。マインドを観察し、マインドの流れの観照者となりなさい。

一九八〇年七月二六日

質問者　私はマハラジが探求を終わらせてくれるかもしれないと期待して来ました。

マハラジ　あなたが何を理解したのか、私に伝えることができるかね？

質問者　それはすべて概念で、幻想です。

マハラジ　そのとおりだ。

質問者　私は時間や修練が必要な過程を信じませんし、そういったことは全部やりました。私はそれを終わりにしたいのです。

マハラジ　あなたは肉体ではないという基本的な事実が、今や明らかでなければいけない。あなたは世の中で働いていて、自分がその仕事をしていると思っている。しかし、実際に起こっていることは次のことだ。生命力が思考と言葉という形で現れるときはマインドで**あり**、このプラーナ・マインド、つまり生命力のマインドが行動原理となる。存在、意識はこの生命力とマインドの働きを観照する神だ。それは妨害せず、単に観照するだけだ。あなたが不幸な理由は、働いているのは自分だと思っているからなのだ。

質問者　私の発言はすべて、私の意識から起こっている概念だと理解しています。

マハラジ　あなたが存在し、そして世界があるということは両方とも概念だ。あなたはそれを知らなければならない。

質問者　その知識はどのように働くのですか？　あなたが語ると、理解した感覚がやって来るという意味で尋ねているのですが、それは精神的な過程ですか？　このすべてを観照している機能がまだあるのでしょうか？

マハラジ　意識のおかげでマインドは理解するのだ。

質問者　ということは、これはすべてが自動的に起こっているのですか？

マハラジ　そのとおりだ。マインドはどんな概念であれ解釈するが、その基本は意識であり、そこに瞬間的に概念が起こるのだ。

質問者　では、もし人がこの意識を変えることができない、それに触れることもできない、言葉でそれに到達することもできないとすれば、実際達成するべき何があるというのでしょうか？　それは常に、今、そこにあるのです。では、私たちはいったい何のために、ここにいるのでしょうか？　おこなうことはマインドに所属します。それは明確なことです。それは自動装置のように続きます。私は今、それが明確に見えます。私はこのマインドを意識に明け渡したいのです。わかっていただけますか？

マハラジ　このすべての概念化、このすべての発言は、あなたが存在するという原初の概念のあとでのみ起こり続けている。この概念が起こる前のあなたというのは何だったのか？　そのとき、あなたは何かの概念、何かの必要性をもっていただろうか？

質問者　熟睡のようなものでしょうか？

マハラジ　それが熟睡のようだというこの概念は間違いというわけではないが、それもまだ概念だ。原初の状態は概念を超えている。

質問者　現在の唯一の事実は何ですか？

マハラジ　あなたが目覚めているということ自体、この瞬間の概念だ。この理解を浸透させなさい。

質問者　それは映画のようなものですね。

マハラジ　源泉に戻りなさい。存在性の概念である「私は在る」が起こる前、あなたの状態は何だったのか？

質問者　わかりません。

マハラジ　あなたが知らないこと、それが正しい状態だ。この意識の到達後にやって来たあらゆることは、一振りの塩のようなもの。それは無用であり、意識も無用なのだ。

質問者　ということは、この探求、このすべての局面が同じものに属するのですか？

マハラジ　この意識がやって来たあとのあらゆる思考、あらゆる経験、あらゆるものを捨て去りなさい。

それらを無用なものとして捨て去ること以外、この確固たる理解を超えて為すべきことは何もない。あなたはその理解にますます熱中するようになっている。

一九八〇年八月一日

マハラジ　あなたのすべての世俗的、そして非世俗的活動は個人的一体化にもとづいている。個人としてのあなたが自由を欲しがっている。個人として留まっていることが難点なのだ。あなたがこの知識を理解したとどれほど考えていても、個人として獲得したと思っているかぎり、個人的一体化はまだそこにある。

ヨーギ（ヨーガに熟達している人）にある種の進歩があれば具体的な結果が得られるが、自己一体化がそこにあると、彼は個人として達成したことに満足したままだ。

あなたは存在の面と、それが到達したこの低い肉体的性質の両方を理解しなければならない。同時に、その状態は自ずと制限されているが、この意識ができることには終わりがないことも理解しなければならない。自分の本質と全体の潜在的可能性に気づいた者が、どうしてこの制限された状態の与えるものに満足できるだろうか？

さらに言えば、**絶対**の中の永久的な潜在的可能性があまりに大きいので、人々は**絶対**の中にいることがどういうことか、それがどのようなものかを想像することができない。それゆえ、人々は自分の意識の状態の中で、自分のことを考えることしかできないのだ。

質問者　どうしたら私たちは、自分が意識の中に留まっていることを理解することができますか？

マハラジ　今現在、あなたはその状態の中にいる。しかしあなたは、常に自分の肉体－マインドを通じて判断しようとする。あなたはまだ肉体－マインドに執着している。たとえあなたが百年生きるとしても、あと五年の延長を望むだろう。**絶対**においてはそんな必要はないし、自分自身を知る必要さえない。

質問者　**絶対**から起こってくるこの一時的状態には何かの原因があるはずです。

マハラジ　五大元素の軋轢《あつれき》というか相互作用のせいで、この一時的局面が起こったのだ。たとえれば、二人の親しい友人がいたとして、彼らの友情は非常に長く続いていたが、何かの軋轢か不和があって、突然ケンカをしたようなものだ。

質問者　死の瞬間には、肉体面あるいは精神面で非常に衝撃的な経験があるかもしれません。

マハラジ　必ずしもそうではない。マインドのあらゆる概念を浄化した者にとっては、死は非常に至福に満ちたものになることだろう。

あなたはたくさんのことを学んできて霊的知恵をもっている。それにもかかわらず、死の瞬間にあなたはすべての身内を書き留めた日記を開くことだろう。

質問者　私はあなたの祝福とともに平和な死を迎え、誰のことも思い出さないことでしょう。

マハラジ　その高い状態に留まっていなさい。あなたは聞く以外、何もする必要はない。もしあなたが正しく聞けば、あらゆることが起こるだろう。今、私はあなたにこの存在性が何であるのか、それは五大元素の戯れの結果であり、つまり知識のあることはこの食物からなる肉体の結果で、あなたはそれではないことを話した。だから、あなたは知識のあることとの別れについて心配することはないのだ。

あなたは自分に現れる意識の観照者であることを理解したのだろうか？　あなたは意識ではなく、その知識でもなく、サットグルがあなたの本質なのだ。

意識は世界や宇宙と離れてあることはできず、それは同じものだ。これは私のマーヤーであり、私から出て来た。そして、私は自分がそのマーヤーではないことを知っている。私はこれの観照者であり、それはただ私の戯れにすぎない。しかし、私はその戯れではない。

このすべてのサーダナの最終的な意味はあなただ。あなたが何であれ、あなたは存在している。今までこういったことを誰も本に書かなかったが、これからは出て来ることだろう。これについて書く人は科学的な見解をもつべきだ。

　私は自分に現れたこの知識に好き勝手をさせてきたが、そういった知識の最後の果実は何だろうか？その知識には今、「おまえは病気をもっていて、もうすぐいなくなってしまう」という烙印が押されている。だから、私はこの知識の性質を知っている。あなたも自分自身で発見しなさい。私はこの知識とダンスを踊り、それを神と呼んだが、今この知識には病気だという烙印が押されている。しかし、私は自分が何であるかを知っていて、私はこれ以前に存在しているのだ。私が自分自身の本質に文句を言ったら、私の本質は、「それはすべてリーラ（遊び）であり、おまえはそれとは何の関係もない」と言う。まさにこの意識は不正直であり、いったい私と何の関係があるだろうか？　私はその土台だ。人々は私が原因だと考えているが、私は原因ではなく、その土台なのだ。

質問者　ジニャーニにおいては、存在性は非存在性の状態に到達しながら、それでも外見が現れます。その人はどのように行動するのですか？

マハラジ　それは夢の世界の中で行動するようなものだ。夢ではあらゆることが起こっているが、あなたが何かをしているわけではない。その最高の状態からは、ただ存在性の観照とその活動が起こるだけなのだ。

一九八〇年八月八日

質問者　意識を超えた状態があるという確固とした信念を、私たちはもつべきでしょうか？

マハラジ　どんな場合においても**絶対**はそこにある。だから、信念をもつという問題ではない。それはそこにあるのだ。

質問者　確固たる信念が意識を**絶対**へと変えるのでしょうか？

マハラジ　二つではなく、ただ一つの状態だけがある。「私は在る」がそこにあるとき、その意識の中であなたは多くの経験をすることだろう。しかし、「私は在る」と**絶対**は二つではない。**絶対**の中に「私は在るという性質」がやって来て、それから経験が起こる。

絶対の中にはどんな個人性もなければ、私はこれであるとか、あれであるとかというどんな記憶もなく、ただ騒ぎが継続している。

私はうわさや読んだこと、経典から権威を得た話をする気はない。私が話すことは自分自身の真我から来ている。

何が起こっているにしても、「私は在る」という知識のない**絶対**の観点からは、それは非常に奥深く、無限で拡大的だ。

存在性の領域では分割が始まる。それは制限され、条件づけられている。なぜなら、この存在性の中においては、私たちはすべての行動を自分のものだと主張しようとするからだ。

絶対の中においては、私は「存在している」と言う機会がない。なぜなら**それ**は永遠の中にあるからだ。私は自分の存在についてどんなコメントをする必要もない。**絶対**であるパラブラフマン状態があるおかげで多くの肉体化が起こっては消えていくが、**絶対**はこれらすべての肉体化の動きに汚染されないままなのだ。

質問者　創造の目的とは何ですか？

マハラジ　これは熱心な探求者の言葉ではあるが、真理の中に安定した者の言葉ではない。極小の一粒の種から巨大な木が成長した。種がこれは自分ではないとか、私のものではないと主張して、木や枝や葉などを拒絶するだろうか？　自然発生的にそれは続いている。それが続くままにしておきなさい。

質問者　この「私は在る」は、その**絶対**の状態を手に入れるために必要な入り口なのですか？

マハラジ　**絶対**を手に入れることはできない。それはあなたの状態だ。**絶対**の状態に対して意識の観照が起こるのだ。

質問者　人はどれくらい修練しなければいけないのでしょうか？

マハラジ　あなたは女になるのにどれくらい修練したのだろうか？

第一の段階は、この肉体－マインドの感覚を超えることであり、これは簡単だ。しかし、意識を超えるのは非常にむずかしい。存在性は非常にパワフルで潜在能力のある知識であり、そのおかげであなたは他のすべての知識をもつことができるため、この知識を取り除くことはむずかしいのだ。

質問者　それは非顕現と分離していますか？

マハラジ　あなたの観点からは分離しているが、私の観点からは分離していない。主クリシュナは何であれ存在するものは私自身だけだと言った。サグナ（サットヴァ、ラジャス、タマスの三つのグナをともなった顕現の状態）とニルグナ（属性をもたない無条件なるもの）は両方とも私自身であるだけだ。存在性のこの感触は一時的な状態なのだ。その地点を探求しなさい。どうやってこの存在性はたまたま現れるようになったのだろうか？

一九八〇年八月二一日

マハラジ　私は人々に八日から十日以上、滞在させるのはあまり気がすすまない。彼らが何を理解したとしても、それを消化しなければならず、それ以上の話は彼らに届かないことだろう。

仮にある物知りがここを去ってどこかへ行ったとして、その人は一人でいることができないだろう。彼は霊性の商品を配達できるように誰か仲間を渇望したり、霊性を語り合える他の仲間を求めるはずだ。さもなければ、その人は非常に不幸を感じることだろう。あなたは他のサーダカに出会わないとしても、幸福で満足を感じるだろうか？

質問者　はい、大丈夫です。他人と自分の知識を分かち合いたいと思う段階を経験すること、それは真剣な探求者にとって必要な出発点ですか？

マハラジ　それもその一部であるが、しかしそれもまた終わらねばならない。最高の状態はマインドの経験が何もない、生まれていない状態だ。「私は在る」という概念を探求しなさい。自分の真実のアイデンティティを発見しようとする過程で、あなたは真我さえ放棄するかもしれないが、それを放棄することであなたは**それ**なのだ。

〈窓の下枠に止まっている何羽かのツバメを眺めながら〉、ツバメに内在する意識と、この肉体に内在する意識は同じだ。ここではその道具は大きく、向こうではそれはより小さい。ツバメたちは食べ物をどこで見つけるかを思案している。彼らの腹は満たされていない。すべての種は苦しんでいる。創造そのものが苦しみなのだ。輪廻転生などについては様々な概念があるが、雨は輪廻転生するのだろうか？あるいは火は？　空気は？　要約すれば、それは単に五大元素の変遷にすぎない。しかし、あなたはそれを輪廻転生と呼ぶかもしれない。

この霊的探求の過程で、すべてはこの意識の領域の中で起こることだろう。最終的には、あなたは願望のない**絶対**のパラブラフマンの状態を偶然発見するか、その中に到達する。

私は存在性を理解し、それを超えた。仮に私があと百年生きたとしても、目覚めた状態、睡眠の状態、「私は在る」の状態、これらにどんな使い道があるというのだろうか？　私はそのことに飽き飽きしている。

私は自分自身のためにどんな排他的なアイデンティティももっていない。私がどんなアイデンティティをもっているにしろ、それは五大元素の戯れであり、そして普遍的だ。この体調ではあまり話せないので、私は人々を長くは留めない。私はただいくらかの知識を分け与え、彼らに行くように言う。このレベルのこの奥深い知識があっても、彼らは理解することができない。彼らはいったいどんな恩恵を引き出すことができるというのだろうか？

一九八〇年八月二三日

マハラジ　私はある人たちには留まるように頼むが、それがなぜかを説明することができない。そしてまたある人たちには、彼らがいたいと望んでも、「あなたは行きなさい」と言う。様々な種類の探求者がいる。ある人たちはただ知識だけを求めてやって来て、それを伝えている人には興味がなく、おそらくまったく彼には関心をもたない。またある人々は知識を欲しがるが、彼らにとっての前提条件はグルバクティ、つまりグルへの帰依が最初にあり、そのあとで知識を集める。偉大な賢者たちが探求していた頃は神の御名のためだけに帰依や崇拝をおこなったものだが、その熱意はグルへの帰依であり、その熱心なグルバクティのおかげで彼らはそういった高い状態に到達した。

さて、こちらの女性はグルへの帰依が顕著なので、偶発的に知識を得ている。グルバクティから始める人、そういう人には神でさえ帰依する。

あなたが出会うどんな自然の経験であれ、ただそれらを受け入れなさい。それらを変えようとしないで、ただ来るがままに受け入れなさい。

すべては幻想であり、誰も創造に責任を負ってはいない。それは自然発生的にやって来るので、そこには改善すべき問題はまったくない。それはそれ自体のやり方で進行していくのだ。

私が至った結論は、世界は種はなくとも自然発生的にそこにあり、そして創造にも種はないが、世界は種で満ちていて生殖活動が日々続いているということだ。

質問者　知識をもっていながら、どうしてあなたはこういった様々な人々と付き合うことができるのですか？

マハラジ　誰が付き合うというのだろうか？　私にはどんな立場も態度もなければ、自分自身の決まった形もない。もし私が決まった形をもっているなら、誰かを受け入れたり、その人と一つであることは困難だったことだろう。しかし、私が何でもないことは最も霊妙だ。だから私は、どんなことにもどんな状況にも合わせることができる。

　仮にたくさんの高価な装飾品をもった金持ちが通りを移動するとしたら、彼は恐れるだろうし、危険だろう。しかし、裸の修行僧なら失うものが何もないので、恐れなく通りを移動する。

　このように、私はあらゆるものを失ったので、これ以上何も失うものがなく、どんな状況とも出会い、それに合わせることができる。あなたが名前と形を身につけるかぎり、すべての問題がそこにあることだろう。この霊的追求において、あなたはしだいに自分の形を失い、形が抜け落ちるにつれて名前もまた消える。

　霊的知識という名のもとで、何かを得たり、所有したりするたくさんの顧客がいるが、現実の真の自己知識を買う顧客は誰もいない。

　長年一生懸命に働き、蓄財した男がいた。今、彼は自分の村の家で臨終を迎えている。死ぬ間際にあっても崇高な思考とは縁遠く、彼は牛小屋を眺めていた。彼はほうきを噛んでる子牛を眺め、ほうきの傷を心配していた。死ぬときでさえ、彼は「ほうき、ほうき！」と叫んでいた。

質問者　探求者の進歩を計る基準とは何ですか？

マハラジ　歩くことができないほど非常に弱い男がいた。しかし、しだいに彼は力を得て歩き始めた。だから彼は今、自分には力があることを知っている。そうではないだろうか？

あなたの進歩は、あなたが普通の人たちと付き合う気がしなくなることに示されている。あなたの願望と期待はますます少なくなる。自己知識への強烈な飢えから、入り口、水門が開かれ、それからあなたはあらゆるものを拒否し始める。粗大な状態から、あなた自身のイーシュワラの状態まで、あなたはあらゆるものを拒否する。

世俗の世界にあっては、お金の力で何でも買うことができる。お金を差し出すことであなたはあらゆるものを手に入れる。同様に、真我を差し出すことであなたはブラフマンを得、ブラフマンを差し出すことでパラブラフマンを手に入れる。あなたは自己知識に対する深い強烈な願望をもたなければならないのだ。

一九八〇年八月二四日

質問者　もしチャイタニヤ（意識）がすべてに行き渡り、すべてのこれらの様々なパワーから成り立ち、個々の意識が肉体と結びついているなら、この宇宙意識にとって肉体はあるのですか？　宇宙意識にとっての宇宙的肉体、あるいは様々な肉体の混合があるのですか？

マハラジ　宇宙意識は肉体をもっていない。肉体が登場するときにいつでも宇宙意識が顕現する。五大元素の本質が宇宙意識を構成し、維持しているのだ。

質問者　宇宙意識と肉体の中の意識は何かの関係がありますか？

マハラジ　それは親密な関係だ。個人の意識が顕現した意識へと連続している。たとえば、あなたは生命－呼吸をもっている。それは外側では空気と呼ばれるが、あなたが呼吸するときにはプラーナとなるのだ。

質問者　パラマートマン（至高の自己）とジーヴァートマン（個人の魂）の違いは何ですか？

マハラジ　あなたは部分という観点ではジーヴァ（個人の魂）を、全体としてはパラマートマンを考えるが、違いは何もない。それは肉体の中に固定されているときは一時性や、時間の単位、ジーヴァの様相を呈する。寿命の終わりに、それはパラマートマンに融合する。

質問者　全体であるパラマートマンが、なぜ部分である肉体にそれ自身を制限するのでしょうか？

マハラジ　それにはどんな理由もない。それはただ起こるだけだ。しかし、パラマートマンの中には存在への気づきがまったくなく、ただ気づきへの気づきがあるだけだ。存在への気づきが現れるやいなや、二元性が現れ、顕現がやって来る。

質問者　以前誰かが、人間だけが覚醒することができると言いました。しかし私は、あらゆる生きている細胞も神の顕現だと感じますので、これは間違った考えだと思います。

マハラジ　意識は同じだが、そのマインドは自らが知っているものに従ってしか働くことができない。下等生物に知られているものは、基本的な肉体的必要条件のみだ。人間だけが幼い頃から単なる肉体面以外の高等な思考力を与えられてきた。人間は月へ飛んで行くことが可能だが、他の種《しゅ》ではこういったことはできない。下等な種のマインドは制限されているのだ。

八百四十万の様々な種があるが、その種の一つに妊娠が起こるやいなや、コーザル体（目に見えない肉体の一つ）にその形態の性質や働きが刻印される。誰も鳥に飛ぶように、魚に泳ぐように、虫に這うように言わないが、そうしたことのすべては妊娠そのものに刻印されている。死ぬことのできないものが、今や自分は死ぬだろうと確信している。この死への恐れはどうやって忍び込んだのだろうか？　これは人が生まれたという概念、つまり単なる言葉にもとづいているが、それが束縛だ。

人がしなければいけないことは、ただ自分の源泉を発見し、そこに本拠地を築くことだけだ。

一九八〇年八月二九日

質問者　人が存在性ではないと知ったあとでも、その存在性はまだ存在したがります。それは自分自身を守ります。そのことはその単体に組み込まれているのですか？

マハラジ　そのとおりだ。それがその性質なのだ。

質問者　存在性のこれらの単体たちは映像と同じくらいの価値しかなく、それらはただテレビ画面の映像のようなものというのは正しいですか？

マハラジ　あなたはそれらを単なる映像として捉えるかもしれない。それでも、それは内部に宇宙を包括するある原理をもった非常に驚くべき道具だ。だから単なる映像として退けないようにしなさい。

真我は肉体の助けがなければ、それ自身の知識のある状態を経験することができない。肉体は必要な道具だ。食物と鼓動(生命-呼吸)、これらがなければ成長はなく、存在性もそこにはないことだろう。

この肉体は栄養の入れ物にすぎないが、「私は在る」という知識は個人的なものではなく、宇宙的なものなのだ。

質問者　存在性のこれらすべての単体たちを通じて、意識がそれ自身を楽しんでいるのですか?

マハラジ　そのとおりだ。食物の包み、つまり肉体の形態のせいで、この存在性は個人性の中に入る。私の観点で言えば、それはダイナミックで、顕現した存在性があるだけで、どんな個人性もない。

一度あなたがこの理解に至ったら、個人として自分自身を楽しむということはない。あなたはもはや個人ではなく、個人は消滅してしまったのだ。こうなる人はまれだ。

すべての五大元素とその戯れを理解した者は、これら五大元素の本質である存在性について心配しないし、この状態もまた超越される。その者は人類の香りをもつ。彼は人類のことを忘れはしないが、自分が人類とは何の関係もないことを知っている。

これを理解し、超越したものにとっては言葉は無用だ。

存在性は自分が死ぬべきではないと感じてはいるが、いわゆる死が起こったとしても、それが喪失するものは何もない。
私の立場を言えば、人間の形態をした存在性はすべて消えてしまっている。人間の形態が消滅したために、存在性が明白になったのだ。

一九八〇年八月三〇日

質問者　意識は永遠に残るのでしょうか?

マハラジ　いや、意識は肉体があるときだけ、そこにある。

質問者　人が理解したとしても、存在し、死んでゆく肉体はあるのですね?

マハラジ　そのとおりだ。五大元素、三つのグナ、プラクリティ、プルシャ、これらは「私は在るという性質」を示す道具なのだ。
原初の状態においては、どんな意識の感覚もなく、どんな存在の気づきもないが、「私は在るという性質」がやって来るとただちに全顕現が見られるようになる。これが意識の現れだ。**絶対**においては「私は在るという性質」は全体だが、その表現は多様だ。私は**私自身**を多様性の中に具現化する。人間は一つのタイプの形態であり、おのおののタイプの形態はその性質に従って、また三つのグナの組み合わせによって行動する。どこに個人の入り込む余地があるのだろうか？

この謎を理解する唯一の方法は、自分が宇宙意識と一体化していることを理解することであり、その宇宙意識は全空間の中に表現されている。あなたが自分自身を人間の形態と一体化しているかぎり、この謎を解くことは不可能だ。

なぜあなたはここに来て、一時間かそこらの時間を無駄にするのだろうか？　もしあなたが二時間、肉体的あるいは精神的ワークをすれば、何かそれなりのものが得られるだろうに。

質問者　こういった時間は役に立ちます。それ以外のすべては役に立ちません。

マハラジ　どう役に立ちうるというのか？　あなたはこういった二時間が役立ちますと言うが、私はそれが役立つ者を破壊している。私はそのアイデンティティを破壊しているのだ。

個人を破壊する教えをまさに個人が欲しがるとは、面白いことではないだろうか？　その理由は、個人とは決して存在したことがなかったからだ。個人というものは決してそこにいなかったという知識がやって来るのだ。

質問者　覚醒とは何ですか？

マハラジ　「私は在る」という観念が芽生える前、あなたは存在しているが、しかし、あなたは自分が存在していることを知らない。それに引き続き、多くの出来事が起こり、あなたはそれで自分自身を飾り始めた。あなたは起こってくる出来事、言葉、言葉の意味から自分自身の意味を引き出そうとするが……それらはあなたではない……だからそれらを放棄しなさい。あなたは「私は在る」という観念以前に存在しているのだ。「私は在る」という言葉以前のそこに、自分のキャンプを張りなさい。

一九八〇年九月一一日

マハラジ　人がジニャーニだろうと、無知な人であろうと、彼の肉体的栄養、保持、維持などはその人のマインドの言葉の意味を通じて続く。また彼の思考は、彼が子供時代から受け取ってきた印象に従って流れる。その活動は生命－呼吸、言葉、知識のある状態である「私は在る」からやって来た。

もしあなたが自分の神に祈願したいと思うなら、生命－呼吸を崇拝しなければならず、その生命－呼吸を通じて、あなたは自分の神に近づく。あらゆる神のイメージは生命－呼吸を通じて与えられ、生命－呼吸の言語は言葉を意味する。生命－呼吸のすべての面が浄化されるとき、願望の余地がなくなり、どんな肉体的、精神的苦しみもなくなる。グルの命令に従って「私は在るという性質」、「アートマン・プレム（私は愛する）」にしがみつきなさい。肉体的であれ霊的なものであれ、私たちのすべての活動は感情にもとづいている。私はこういったすべての詳細を受け入れてはいるが、その総計はゼロだということを知っている。

私の以前の話は誰でもある程度は理解することができたが、現在の話は理解するのが非常に困難だ。理解するのにふさわしくなるためには、自分の誕生の源泉に留まりなさい。

この話は自然発生的に流れ出て来ていて、私がそれらを作り上げているわけではない。しばしば私自身が、なぜこんな奥深い表現が飛び出してくるのかと驚いている。そして、私の話を聞いている人々もまた困惑している。なぜなら、彼らは私の話にもとづくどんな質問もできないからだ。あらゆることが自然発生的であり、観照の段階もまた自然発生的にやって来た。私の活動はすべて自然発生的に起こるのであり、考えるという余地はない。

私は誕生以前の自分の状態を知っているので、またその誕生時点も知っている。そして私が何であるにしろ、誕生以後の自分の存在性もまた知っている。だから、私はこのように話しているのだ。経験者と経験の両方が消滅しなければならない。通訳がやって来て、話すために私が席につくとエネルギーが湧き、私の電池は充電される。そうでないときには、私は落ちぶれて、この杖を使わねばならない。私はどんな段階のどんな霊的探求者も、集めたいとはまったく思わない。

質問者　私たちは自分のマインドで理解することはできますが、マインドを超えたら理解することができません。

マハラジ　熟睡と目覚めた状態の間にあるもの、それは何だろうか？　それは言葉がない「私は在る」であり、のちに言葉が流れ始めて、あなたは言葉の意味と関わり、これらの言葉の意味といっしょに世俗生活を送る。これがマインドだ。しかし、この「私は在る」と目覚めた状態の前には境界線があって、あなたはそこにいなければならない。

私が何を言わんとしているかを理解する者はまれだ。私たちは普通の霊的な人には、「これやあれをしなさい。そうすれば、あなたはこれだけの恩恵を得ることだろう」と言わねばならない。すると、しばらくの間、その人は幸福を感じ、安心する。しかし、これは最終的なものではない。その人はまだ同じサイクルに戻って来る。しかし、私たちにはそれをどうすることもできない。なぜなら、その人は霊性の最も微妙な面を理解するだけの能力がないからだ。

私はせいぜい、「あなたは自分が存在していることを知っている。『私は在る』の原理を礼拝しなさい。ただそれを礼拝し、それとだけ一つでありなさい。そうすれば、その『私は在るという性質』がすべての知識を開示してくれることだろう」と言えるだけだ。それが私に言えるすべてだ。しかし、最も微妙な部分とは、熟睡と目覚めの状態の間にあるものだ。そこに留まるためには、あなたは強烈に平和な状態を経験しなければならない。その状態で、目覚めた状態の観照が起こる。あなたは限界まで行かねばならないが、それは非常に困難だ。普通の人にとっては、「私は在る」が言葉の流れといっしょに到着すれば、その流れとともに出かけてしまうものだ。区別ができる者、知性のある者、強烈に霊的な者、私たちはそういう者たちを「私は在る」以前のここに連れて来なければならない。

もしあなたに私への敬意があるなら、私の言葉を覚えていなさい。「私は在る」という知識は、最大の神、グルなのだ。それと一つでありなさい。それと親密でありなさい。それ自身があなたにふさわしいすべての知識を授けてくれることだろう。そして、その知識の増殖の中で、それはあなたを永遠の状態に導くことだろう。

あなたは充分に成熟して、ニルガナの状態（属性のない状態）の領域にいるようになることだろう。あなたは一晩で、未熟なマンゴーを果汁あふれる熟したマンゴーに変えることはできない。それは熟するまでに、時間の経過を経なければならない。このことはあなたにとって明確だろうか？　それとも、そうでないだろうか？

一九八〇年九月一五日

質問者　瞑想の最中、私がマインドの背後の地点に安定しようとするとき、暗闇と無と空白があります。私はその状態が好きではありません。

マハラジ　あなたにはわからないのだろうか──自分が今もそこにいることが。**真我**の中に安定する以前に、あなたのマインドの痕跡がまだそこにあるのだ。

この機械は自らを生み出す機械だ。つまり、あなたがその中に入るとき、その勢いがあなたのマインドのすべての疑いを晴らす手助けをする。これは最も楽しめるあなただけの知識で、そしてすべてのマインドの痕跡が完全に引き抜かれる。そこがあなたが存在したり、存在しなかったりする段階であり、それが境界線だ。自分が存在すると知る瞬間には二元性がそこにあるが、自分が存在していることを知らないときにはあなたは完璧だ。しかし、あなたはこの過程を経験しなければならない。熟睡中には自分が存在することを知らないが、これはより粗雑な状態だ。この目覚めている状態において、あなたは知らない状態に退却しなければならない。

この知識のあることの本質は何だろうか？　それは「私は在る」を予約する捺印ないし登録証だ。あなたは建設中のアパートを予約している。しかし、どこにアパートはあるのだろうか？　それは単に予約にすぎない。同様に、この「私は在る」も予約にすぎず、それはあなたの**絶対**の状態を代理している。

質問者　何でもないものがあると知るとき、その中で超越しようという勇気を与えるのは何ですか？

マハラジ　真我を理解したいというあなたの深い衝動だ。退却するということはただ内側へ入ることを意味するが、あなたの通常の傾向は五感を通じて外の世界を見ることだ。今、それを逆向きにしなさい。

私はこの肉体ではない、このマインドではない、この感覚ではない。そうすれば、あなたは意識に安定する。意識に安定したあとは、それ以後のことはすべて自動的に起こることだろう。あなたは顕現へと拡大するのだ。

「私は在るという性質」がやって来る前の原初の状態で、私は存在していたし、存在しているし、存在することだろう。

なぜひどい名前のこの病気が、私に何の影響も与えないのだろうか？　それは単に、私の本質が「私は在るという性質」とはまったく無関係で、病気とはそれについた一つの名前でしかないからだ。

質問者　マハラジは様々な宗教をどう思っていますか？

マハラジ　私の見方では、すべての宗教は概念と感情にもとづいている。それらの感情は非常に暴力的で、熱狂させるものなので、人々は自分自身を犠牲にしてきた。

感情的に誰か他の人格と一つになることは非常に影響が強く、イエス・キリストと一体化した人々の体には磔の印が現れた。こうしたすべての経験はまったく無用なものだ。一人の個人が別の個人と一体化しても、個人性が放棄されないかぎり、**現実**はそれ自身を決して顕現することができない。私がもっている信念をあなたがもっていないかぎり、自分が聞いたことをオウムのように繰り返してはいけない。

私は肉体と意識がやって来る前の自分の状態を知っていて、その知識をもち、それに気づいている。

単にこういった言葉を聞くことは役に立たないことだろう。あなたは意識と一つにならなければならない。「私は在る」という知識を瑣末《さまつ》なものとして扱ってはいけない。なぜなら、それはあなたの全宇宙の推進力だからだ。

意識の表現は無限だ。もしあなたが表現の中に入れば、迷うことだろう。自分の意識に明け渡し、それと一つでありなさい。そうすれば、この意識だけが意識をどう消滅させることができるのか、その過程を示してくれることだろう。

一九八〇年九月二一日

マハラジ　人がするすべてのことは意識の継続のためだ。しかし、私にとっては継続したいことはまったく何もない。

あなたは個人として、私から何かが得られると期待してここに来ているが、そこに間違いがある。個人はまったく存在していない。だから、どうして存在していない個人に私が何かをしてあげることができるだろうか？　あなたと私の本質にまったく違いはない。この出来事は、来てはまた去って行く単なる出来事にすぎない。

もし人が排尿をしたいと思えば、その人はただ排尿しなければならない。それは一人ひとりに違いがない。それは誰にでも起こる過程だ。しかし、あなたはあらゆることを個人としての自分に起こる何かだと考えている。

質問者　どうしたら私はマハラジの言うことを理解することができますか？

マハラジ　私の言うことを理解するためには識別力が非常に必要だ。意識が到着して初めて、私たちは自分自身を理解しようとする。意識はいわゆる誕生だ。誕生は三つの面を意味している。目覚めた状態、熟睡、そして「私は在る」という知識。いったん私がこの誕生とは何かを理解したら、そのとき謎全体が解消されるのだ。この誕生の原理を完全に知れば、いわゆる死という出来事も非常によくわかるだろうし、生命–呼吸、言語、そして「私は在るという性質」が離れていくことも観察することだろう。だから、死の問題は何もない。

もし私が今ここで、私の生命–呼吸が去っていくことを理解したら、私はそれを止めることはないし、「もう少し待ってくれ」とも言わないことだろう。なぜなら私は、この生命–呼吸と生命力を引き止めるのは無駄だということをよく知っているからだ。

無数の消滅がやって来ては去って行ったが、本当の永遠の状態においては、私はそれらの影響を受けていない。この経験的な状態の前はあらゆる面で完全だったが、存在性の到着とともに不完全さが始まり、私はそれに飽き飽きしている。

もしあなたが永遠の平和を本当に望むなら、他の誰のこともかまわず、自分自身の自己に注意を払い、それだけを調査しなさい。

誰があなたに永遠の平和を与えるのだろうか？　それは、「私は在る」というあの太陽だけだ。もしあの自ら輝く太陽を抱きしめるなら、他のあらゆるものがなくなっても、あなたは永遠に存続することだろう。

徹底的に調査しなさい。どんな権威をもってあなたは自分自身を支えることができるのか？　どの程度あなたは自分の人生を延ばすことができるのか？　存在性は独立したものではなく、それは何かに依存していることを理解しなければならない。調査したとき、**絶対**であるあなたはその存在に依存していないという結論に到達することだろう。

質問者　もしアートマンがサット・チット・アーナンダ（存在・意識・至福）だとすれば、パラマートマンは何ですか？

マハラジ　サット・チット・アーナンダはいずれパラマートマンになるのだ。サット・チット・アーナンダは「私は在るという性質」であり、それ自身が至福の状態、愛の状態であるが、しかし、それは意識がそこにあるときだけの経験的な状態だ。そして、肉体があるかぎり意識はそこにある。それは時間に縛られている状態だ。あなたはサット・チット・アーナンダの状態を超越しなければならない。

質問者　私は存在性の中に安定するべきでしょうか？　それとも思考といっしょに流れるべきでしょうか？

マハラジ　もしあなたが存在性の中で動かないでいれば、思考はますます少なくなることだろう。もしあなたが思考と交われば、思考は増えることだろう。存在性の中だけにいなさい。

一九八〇年九月二四日

マハラジ　あなたは私からマントラを受け取って何年になるかね？

質問者　三年です。

マハラジ　「あなたは在る」という知識が神だ。あなたはそれを礼拝しなさい。そうすればある日、自分が個人ではなく、苦しむことができない宇宙意識であることを理解することだろう。その意識にとっては、どんな苦痛も喜びもない。知性を通じてではなく、真摯な瞑想を通じて、あなたはこれを知ることだろう。

その瞑想は、その意識それ自身によって為されることだろう。何かについて瞑想することは、それになることだ。

私はその生まれたことのない状態に完全に安定しているが、それでもまだ多様性のこの状態を経験している。しかし、それは私には何の影響も与えない。

質問者　マハラジといっしょにいる影響は何ですか？

マハラジ　現在、探求者へのその影響はより大きい。もしあなたが純粋であればより速く、不純で鈍い者にとってはゆっくりだ。

私は「私は在る」ことを知らなかったが、現在は「私は在る」ことを知っている。これらは同じ「私」だが、現在の「私」には知識のあることというマントがおおいかぶさっている。こういうふうに、**絶対**は**それ自身**をこのより粗雑な意識状態や見かけの状態に変換する。私は神であり、帰依者であり、礼拝だ。すべて同じで、一つの共通の原理だ。

質問者　私たちが話題にしていた聖者、非常にイライラしていた聖者はジニャーニだったのでしょうか？

マハラジ　そのとおりだ。ジニャーニとは知識を知る者を意味する。

質問者　もし彼がジニャーニであったなら、彼はどうしてイライラすることができるのでしょうか？

マハラジ　顕現している意識の中では、すべての活動はいわゆるよいことも悪いことも起こっているだけだ。顕現している意識の中で、（イライラするという）この性質が表現されたのだ。あなたはこのタマスの性質をジニャーニに帰属させることはできない。なぜなら、彼は個人的意識を超越したからだ。

質問者　ベジタブルでない食べ物を食べても、まったくかまわないのでしょうか？

マハラジ　あなたが自分は個人だと感じるかぎり、自分に与えられている行動規範を守らなければならない。いったんあなたが顕現している意識であるならば、何をやるべきで、何をやるべきでないかという問題は何もない。

顕現している宇宙的意識の中で、よいことや悪いことが何かあるだろうか？　そういう類のことは何もない。花の香りがそこにあり、ゴミもそこにあることだろう。そうしたすべてはこの意識の遊びだ。意識の観照者は意識の領域に入って来ることはできない。

質問者　仮に観照が止まったら、それはサマーディでしょうか？

マハラジ　仮にあなた方みんなが出て行ったならば、もはや観照はないが、私はそれでもここにいる。しかし、私には観照するものは何もない。その存在性の中に他者性があり、観照が起こる。もし意識がそこになければ、**絶対**はそれ自身を知ることができない。**絶対**以外には何もない。それゆえ何の観照もない。

質問者　仮にすべての出来事が私を通じて起こっていて、私が何もしていないことをただ眺めているとしたら、瞑想は必要ですか？

マハラジ　それもある種の瞑想であるが、正しい瞑想とは、あなたが自分の真我について瞑想することだ。朝、目覚めたとき、あなたはその状態にやって来て、意識を眺める。それはあなたが自分の真我についいて瞑想している状態だ。

現在あなたは、意識が意識を眺めていると思っているが、意識は**絶対**の壇上からしか眺められないものだ。

一九八〇年九月二七日

マハラジ　このすべての霊性はただあなたの本質を理解するためのものだ。これを達成するためには、「生きている」とはどういうことなのかが、問題のすべてとなる。いったんあなたが自分の本質を知れば、そのときは、生きているということは個人としてではなく、単にその自然発生的な顕現の一部だ。求めるものは何もないし、探求者こそが見られるべきものだ。ただその肖像をあるがままに見なさい。

あなた方はみな探求者だが、何を求めているのかを私に言ってみなさい。

質問者　瞑想だけではなく、世の中で他人と生きることでも、人はそれに到達することができますか？

マハラジ　あなたが顕現の一部でないかぎり、生きることができるだろうか？　これを知りなさい！あなたが意識していないとき、あなたの世界は存在しない。あなたは自分の存在と外の世界を意識するが、それは二つではない。

これを理解しなさい。この心身組織がそこに現れるときだけ、世界は存在することができる。もしあなたがこの心身組織を自分自身だと考えるなら、あなたは死と死ぬことを受け入れることになる。ジニャーニはこれが単なる装置であることを知っており、それから離れている。

これを理解したら、自分の仕事を楽しんでやりなさい。起こることは自然発生的であり、すべての活動は全顕現の一部だ。

質問者　もし顕現が自然発生的なら、すべての活動に何らかの理由か原因はあるのですか？

マハラジ　夢の中であなたは百年間生きたが、目覚めると夢はたった五分間だった。これはどうやって起こったのだろうか？

質問者　マハラジは原因のない出来事をその夢と関連づけているのですか？

マハラジ　このすべての大きな原因の根本的理由は、あなたが存在しているということだ。だから、その性質を発見しなさい。これらのすべての行為は不妊の女性の子供によって為されている。これらすべては意識の問題だ。意識の根源を発見しなさい。

質問者　どうやってやるのですか？

マハラジ　その意識を喉のところで掴まえなさい。概念的な喉によって概念的な意識を掴まえるのだ。この基本的な意識を厚くもてなし、それに求愛しなさい。知性ではなく、それだけがあなたの探求を満たすことができる。その知識が満たされないかぎり、あなたは知識をもつことができない。

私は決して知らなかったのだ。もし私がほんのわずかな知識でももっていたなら、私は母の子宮という刑務所に降りて来ただろうか？　何が起こるにせよ、それ自身で起こるのだ。妊娠以前に存在していたそれについての知識を、誰がもつことができるだろうか？

獲得するべきことは何もない。あなたは**それ**だ。

一九八〇年九月二八日

質問者　なぜ「私は在るという性質」はこれほど肉体に惹きつけられるのでしょうか？

マハラジ　それが「私は在る」としてそれ自身を表現するとき、それは存在したいというその愛ですでに完全に満たされている。なぜ昆虫や動物、人間には、それ自身を生かし続けるという本能があるのだろうか？　それはこの生命力の芽生えがあるからであり、「私は在るという性質」それ自身が、まさに生きたいという本能、存在したいという愛だからだ。存在したいという愛が、すべての生命活動の第一の推進力だ。
あなたが顕現している意識であるとき、あなただけが多様であることを発見することだろう。あなたはこのすべての広大な顕現世界において自分自身を表現しているのだ。そして、その状態自体も超越され、あなたはニルグナの状態になることだろう。しかし、これらすべてはあなたの表現であり、「私は在るという性質」としてのあなたであるだけだ。

私が今話していることは、より霊妙でより奥深く、理解することが非常に困難だ。しかし、もしあなたが理解したなら、仕事は終わったことになる。

意識は知るための助力だ。現在、意識はそれ自身を肉体として知っているが、それはそうあるべきでなく、意識は肉体感覚のない意識を知るべきだ。

私があなた方に何度も何度も話してきたことを論理的に理解しなさい。この「私は在るという性質」は私が食べる食物の結果だ。私はその食物だろうか？　いや、私はそうではないし、また私はその食物の結果でもない。

すべての人がこの知識を理解するだろうが、現在あなたは肉体との親密さに囚われている。「私は在るという性質」はそれ自身の権威をもっていない。それは五大元素の遊びにおける操り人形であり、五大元素の結果だ。

「私は存在していなかった」と表現する者の立場は安全であり、安定し、永遠だ。

あなたが何を観照するにしても、それはあなたといっしょには残らないことだろう。それは不完全だ。不完全を認識する一**なるもの**は完全であり、全体だ。それが**それ自身**のためにするべきことは何もない。なぜなら、それは完全で**それ自身**で完成しているからだ。

なぜパラブラフマンは、この顕現世界のこれほどの贅沢や苦しみをもつ余裕があるのだろうか？　それはパラブラフマンにとって、これが存在していないからだ。

一九八〇年九月三〇日

質問者　いつになったら私はマハラジが話していることを理解するのでしょうか？

マハラジ　すべての概念のせいで、それは少しずつしかやって来ない。あなたはそれらの概念を取り除かなければならず、それには時間がかかる。

人々の中にはマインドと知性が受け入れることのできる知識を探している者たちもいるが、マインドと知性の領域はこの知識を受け取るには役に立たない。すべての経験とヴィジョンはあなたの「私は在る」の知識に依存しているが、それ自身もまた消えてしまうことだろう。

この知識には顧客も信者もいない。なぜなら、顧客や信者というものは自分の手に何か具体的なものを欲しがっているからだ。しかし、あなたの知識のあることそれ自体が消えてしまうとき、何かにしがみつくことが可能だろうか？

あなたのグルは「あなたは真のアイデンティティをもっている」と言うが、それはこれではない。それは形のないパラブラフマンだ。そのパラブラフマンにはどんな疑いもない。それはマーヤーによって条件づけられていない。なぜなら、パラブラフマンに関して言えば、マーヤーは存在していないからだ。

これを聞いてあなたは満足するが、たいていの人たちにとってはその満足とともにこの問題も終わりになる。彼らはそれについて何度も何度も瞑想しないし、あらゆることの背後にあるその原理を発見しようともしない。

私はいつ死を宣告されるのだろうか？　アートマンが肉体を離れるときだが、しかし私はアートマンではない。そうすると、私の死はどこにあるのだろうか？　私が癌に影響されないのは、何が起こっても、どんな経験でも、すべてをアートマンに明け渡しているからだ。すべての行為とその結果は、**絶対**であるパラブラフマンによってアートマンに明け渡されているのだ。

あなたは自分の真我についての知識を決して得ることはできない。なぜなら、パラブラフマンは観照されるものではないからだ。あなたはあなた**でない**ものを知る。あなた**である**ものを知ることはできないのだ。

一九八〇年一〇月一日

マハラジ　真我は空間よりも霊妙なものだ。真我にとっては誕生も死もない。私が言うことを盲目的に受け入れてはいけない。私に質問しなさい。私が詳細に説明している知識を徹底的に調べ、検査し、それから初めてそれを受け入れなさい。

あなたは家の中に住んでいるが、家はあなた自身ではない。同様に、「私は在る」という知識は肉体の中にあるが、それは肉体ではない。

質問者　私は完全にはそれを理解できません。

マハラジ　マインドでは決して理解できないだろう。あなたはマインドでもなく、言葉でもなく、言葉の意味でもない。私は真我の知識を、真我に対して詳しく説明しているが、あなたはそれを自分の肉体の知識として受け入れている。

私は完全に肉体と肉体内部の意識から離れている。それにもかかわらず、この病気のせいで、肉体の耐え難い苦痛が意識を通じて経験されている。それは耐え難いものだが、私は肉体と意識から離れているので話すことができる。それは扇風機のようなものだ。そよ風がそこにあり、音もまたそこにある。同様に生命－呼吸がそこにあり、音がまた流れ出て来る。しかし、これらの出来事すべてが耐え難い……それでも、その苦しみは耐えられねばならないのだ。

「私は在る」の知識がないとき、あなたは何かを認識したり、観察したりすることができるだろうか？知ることが知識であり、知らないということもまた知識であるが、知識には形が備わっていない。もしあなたがそれと肉体を同一化するなら、そのとき初めてあなたは自分を男だとか、女だとか言うようになるのだ。

知識がなければ、私は知っているとか知らないという問題は起こらない。知識について私が言ったことを理解するとき、あなたは完全にそれと一体化することだろう。

意識の帳簿から自分が抹消されたことを私は自然に理解した。あなたは自分の肉体を通じて、自分自身を味わわなければ幸福を感じないことだろう。肉体が重要なのは、ただ「私は在るという性質」、つまり意識がその中に居住しているからだ。もし「私は在るという性質」、意識がそこになければ、肉体は廃棄物として処分されることだろう。

自分の肉体を知識と呼ぶのではなく、「私は在る」というその知識を自分の真我と呼びなさい。

普通、グルたちは真我をこれほど深くは紹介しないことだろう。彼らはただすべての儀式を紹介するだけだ。

「私は在る」という知識が第一の神だ。ただ、それだけを瞑想しなさい。

今、なぜ人間は神を創造したのかと人は尋ねるかもしれない。一つの神の概念とは、もしあなたが祈るならその神は望むものを何でも与えてくれるというものだ。そういった神は偉大だ。もし何かを要求すれば、神は満たしてくれるだろうという考えを私たちはもっている。

一九八〇年一〇月二日

質問者　私はこのエゴを放棄したいのですが、でもどうすればよいのかがわかりません。

マハラジ　あなたが放棄したいというエゴの大きさや色はどんなものだろうか？　あなたはこのエゴについて、何を理解したのだろうか？

質問者　それはマインドの間違った信念です。

マハラジ　それは指ではさむときの圧力、この「私は在るという性質」だ。しかし、すべての聖典、つまり十六のサーストラ（聖典）、十八のプラーナジ（インド文学）、四つのヴェーダ（ヒンドゥー教の聖典）がこのブラフマンを描写しようと奮闘してきた。こういったすべての賞賛はただ、「私は在る」というこの小さな圧力のためだ。あなたがその「私は在る」から何かをデザインし始めるとき、深い水に入りつつある。

このお香立ては銀色であり、あなたはそれが銀色だという知識をもっている。その知識の形、色、デザインはどうなっているだろうか？　もしすべての知識が形のないものであれば、「私は在る」という知識に形、デザイン、色がありうるだろうか？　それは功罪の対象となりうるだろうか？

この時間のない純粋な空間では、「私は在るという性質」の感触はそこにはない。

質問者　ジニャーニは、慈悲ゆえに無知な者たちに知識を詳しく説明しているというのは本当ですか？

マハラジ　あなたは何でも好きなように言うことができる。その状態においては慈悲というようなものはない。自分こそがまさにすべてを輝かせるものであり、存在したいという愛もまたそこにあることを知る状態へと私はあなたを引き上げた。そこへ導いたというのに、なぜそんな質問をするのだろうか？　あなたはどうやって何かを知るのだろうか？

質問者　マインドを通じてです。

マハラジ　それは違う。知識のあることがマインドを認識するが、マインドは意識を認識することができない。あなたは眠りに支配されている。目覚めなさい。誰が意識を認識するのか？　マインド以前に知識のあることの原理がそこにある。知識のあること以前に、この意識を知る一番最初の原理がある。

最終的な分析をすれば、知識がないところから知識が生まれ、知識が世界やすべての存在、物事を配達してきたのだ。

霊性の中に入る者は、火にかけられた冷たい水のようなものだ。冷たい水を火にかけるとき、泡が立ち始め、いずれそれは沸騰し始める。沸騰の段階は、霊性の最高のクラスに入ったサーダカのようなものだ。沸騰している地点で、彼は多くをしゃべり、多くの質問をする。さらに火にかけ続けられれば、沸騰は終わり、蒸発が始まる。これが人が霊性の中で知識を獲得する段階だ。これらの話を聞いたあと、あなたは静寂の中に入ることができるだろうか？　私はそれを疑っている。なぜなら、あなたはまだ欲深い自分のマインドを喜ばせたいと思っているからだ。もし私の言うことを本当に理解したなら、あなたが自分のマインドを喜ばせようとそうでなかろうと、問題だろうか？

私はあなたに、現在のあなたは肉体の中の温かさだと言った。パラブラフマンはどんなものだろうか？　パラブラフマンは「私は在るという性質」の温かさをまったく経験しない。もしあなたが理解するなら、この謎は解かれることだろう。

これを理解したあと、もし人がジニャーニになり、その意識と原理と肉体がそこにあれば、それらは感情領域にもまた関わることだろう。それは泣くことにも完全なはけ口を与えるだろうし、またどんな状況がそこにあってもそれを楽しむことだろう。そういったジニャーニは、この意識と肉体装置から自然発生的に出て来たどんな感情表現も抑圧しないことだろう。

普通人々は、ジニャーニはあらゆる感情的表現を抑制するべきだと考えている。しかし、これは正しくない。**絶対**というあなたの立場に立てば、あなたは装置の感情や本能的表現を心配しない。

ジニャーニは意図的には表現に関わらない。それは自然発生的に起こっている。その一方、無知な人は深くそれに関わっている。彼はあらゆることが現実だと想定している。ジニャーニにとっては温かさもまた非現実であり、それゆえその温かさの領域に何が起きても非現実だ。
あらゆる帰依、好意、愛はジニャーニにとっては消滅している。しかし、彼が何をするにしても、それは他の人たちのためだ。

一九八〇年一〇月四日

質問者 私の状態とマハラジの状態の違いは何ですか？

マハラジ ジニャーニからすれば何の違いもない。違いは無知の人たちの場合に起こる。なぜなら、彼はまだ肉体と一体化しているからだ。肉体との一体化を放棄して、何が起こるかを見なさい。

質問者 どうやってやるのですか？

マハラジ 私はただあなたに、「これはまさにそれだ」と言うことしかできない。どうやってそれを受け入れるかは、私の関与を超えている。私にはその処方箋がない。私はあなたに語り、あなたはそれを理解しなければならない。

質問者　仮に私があなたの言葉を文字どおりに受け入れるとしたら、これからずっと必要なことはそれですべてですか？

マハラジ　そのとおりだ。これが理解するべき唯一のことであるが、しかし、どんな道具をもって、あなたはそれを掴むのだろうか？　それは肉体ではなく、マインドと知性でもない。

質問者　では、意志でしょうか？

マハラジ　あなたがどんな努力をしても、あなたをさらなるトラブルに導くだけだろう。それゆえ、偽のアイデンティティではなく、この知識を受け入れなさい。あなたが存在しているのはこの知識ゆえだ。私から聞いたことを真実としてマインドに留め続け、それから自然に起こる行動を何であれしなさい。

私には時間がなく、空間がなく、属性がないと、私のグルは教えてくれた。それから私は、もしそれが実状なら、もはや恐れをもつ必要がないだろうと決断した。いったい誰が恐れをもつというのだろうか？　仮にあなたがトラに出会ったとしよう。トラはおそらくあなたを食べてしまうだろうが、もしあなたが攻撃すれば、トラは逃げ去るかもしれない。だったら、その機会を利用したらどうだろうか？　自分自身を肉体と切り離してみたらどうだろうか？　あなたがどんな不幸をもっているにせよ、どんな恐れをもっているにせよ、それは完全に肉体との一体化にもとづいている。しだいに自分自身をその肉体から切り離すように努めなさい。

それは単純なことだ。死が不可避なら、グルがあなたに言うこと、つまり死はあなたであるそれに影響を及ぼせない何かであることを受け入れたらどうだろうか？　肉体とのこの一体化は時間に縛られている。だったら、今それを切り離したらどうだろうか？

私が言うことを、あなた方の何人が記憶し理解することだろうか？　あなたがどんな恐れをもつにしろ、それはただ記憶と概念とうわさにもとづいている。あなたが記憶や概念にしがみつくかぎり、この恐れはあなたから去らないことだろう。この恐れを守ってはいけない。それを放棄し、解放しなさい。あなたにそれができるだろうか？

あなたは私から聞いたことを蓄積してきたが、究極的には何が蓄積されても、それは放棄されねばならない。それは理解され、使われ、それから放棄されなければならないのだ。

質問者　あらゆることは自然発生的に起こったとマハラジは言いました。しかし私たちは、あらゆることにはそれを始める人、コントロールする人がいるはずだと考えることに慣れています。このコントロールする権威者なくして、何かが機能することを想像するのは困難です。

マハラジ　二元性の状態では、こういった考えは必要だ。さもなければ、どんな概念も機能もありえず、これが顕現の基本だ。しかし、究極的には知識が知識の中に溶け込むとき、探求者は消え、質問する者は誰もいない。

言われていることと聞かれていることは時間――ある特定の時間から今日まで――に束縛されているが、私たちであるそれは、時間の束縛から完全に分離している。

私はこの時間の存続を理解し、計ることができる。それゆえ私は、明らかにこの存続から分離しているに違いない。

一九八〇年一〇月八日(朝)

マハラジ 肉体を通じてすべての知識を手に入れることができるが、あなたであるこの知識は食物からなる肉体の結果であり、あなたではない。

存在性それ自体が愛だ。それは最も自然であり、それゆえ私は他のすべてを愛する。なぜなら、私は自分自身を愛するからだ。他に対する私の愛の源泉は存在への愛から湧く。

非顕現は、あの目覚めていてダイナミックで顕現したスピリットを通じて顕現する。それが存在への愛の状態だ。妻は夫へ帰依しているのではなく、存在へのその愛に帰依している。

あなたはこの肉体の中で生きたいという熱烈な願望をもっているが、しかしあなたはこの肉体を処分しなければならない。ちょうどあなたが今日おいしいものを食べたなら、翌日にはそれを大便として排泄しなければならないのと同様に、この肉体を処分しなければならない。私自身の状態は顕現している完全な意識であり、そして肉体の表現は生命–呼吸、生命–呼吸（言葉）の言語、そして真我の愛の総合だ。

「私は愛する」以外に、パラマートマンのようなものは他にはない。そのエクスタシーの中で、誰が肉体を眺めるだろうか？　肉体は無関係になる。それにどれほど多くの称号が与えられてきても、存在するのはそれ……真我への愛だけだ。

あなたの知識のある状態は常に永遠に動きまわっているが、あなたはそれを自分自身の肉体に限定しているがためにそれを殺している。パラマートマンはマーヤーではなく、あなたの本質なのだ。

質問者　人は自分の日常の義務をどうするべきでしょうか？

マハラジ　あなたは自分の義務に専心するべきだ。それらは個人的なものではなく、顕現した意識のものであり、すべてに属している。

顕現した意識として、自分自身を無限へと拡大するようにしなさい。あなた以外に神はいない。

ある日この肉体もばったり死んでしまうことだろう。人々は死が意味するのは完全なる非顕現だと考えているが、そうではない。そのようなものではないのだ。何かが消費され、使い尽くされたとき、それはもっと多くなって顕現する。

主クリシュナは、「私は十億年ごとに、自分自身を輪廻転生させている」と言った。しかし私なら、「私はあらゆる瞬間に拡大し、さらに創造され、際限なく増加する」と言う。

私は決して誰からも何も求めない。私が何であれ手に入れたいと思うものは、自分自身の存在から得たいと思う。私は「私は在る」のまさにその原理を礼拝し、自分が望むものをそれに要求する。それゆえに、こういったすべてのものがやって来るのだ。

皇帝陛下は眠ってしまった――それは彼が死んだことを意味していない。あなたはこの知識を理解することができない。なぜなら、あなたは肉体に執着しているからだ。真我実現したグルだけがあなたを導くことができる。

この肉体感覚がなければ、私は完全で全体で完結している。しかし、あなたは私の話を理解することができないだろう。

一九八〇年一〇月八日（夕方）

マハラジ　目覚めた状態、眠り、「私は在るという性質」の原因は何だろうか？

質問者　化学物質です。

マハラジ　あなたが「化学物質」という言葉を発するとき、あなたは自分自身をそれだと考えているのだろうか？

質問者　私は化学物質を徹底的に研究しましたが、私はそれではありません。あらゆることがその中に含まれていますが、それは私ではありません。

マハラジ　この炎がガスの燃えるという特質であるように、この化学物質のおかげで目覚めた状態、熟睡、知識のあることの経験がある――しかし、それらはあなたの特質ではない。

様々な名前が、この化学物質やムーラ・マーヤー、スートラ・プラダム（戒律を与える者）などに与えられてきたが、すべて幻想だ。神もいなければ、個人の魂もないし、何もない。

第一の幻想が真我の愛、存在性への愛を通じて、それ自身を表現している。グルの言葉を最終的なものと考え、彼の言葉に従い、そのとおりにする弟子は、熟睡から目覚めるときのように留まり、究極的に真我の知識を得る。まさに熟睡から目覚めるように「私は愛する」という知識である真我の愛を得るが、それは自ずとパラブラフマンと融合する。瞑想するときは、あなたとその真我の愛が一つであるべきで、どんな二元性もあってはならない。

この知識を知的に理解したジニャーニたちの主な問題は、彼らが自分の人間関係と所有物に執着することだ。

死とは**終わった**ことを意味するが、誰も**死なない**。たとえば一滴の水は、蒸発するとき無限になる。どんなものにも死はない。あらゆるものは無限になるために終わるのだ。

プルシャはそこからあらゆること、あらゆる顕現が流れ出る原理であり、それがすべてを支えている。何かを知るとき、あなたはそれにならなければならない。神を知るためには、あなたはそれにならなければならない。プルシャを知るためには、あなたはそれでなければならない。

質問者　マハラジは今、執着についてお話されましたが、では、グルに対する執着はどうでしょうか？　私は他の執着はすべてなくなったと思いますが、これが残っています。

マハラジ　グルへの執着ということで、あなたは何を言おうとしているのだろうか？　あなたとグルは一つであって、二つではない。

質問者　家族など、世話をするべき非常にたくさんのものをかかえているときに、どうやったら私はマハラジの言うことに従うことができるでしょうか？

マハラジ　あなたの意識だけがあらゆるものの世話をしている。自分の意識を神として見なさい。あなたが目覚めたあと第一にするべきことは、その意識、「私は在るという性質」について瞑想することだ。

自分の日常活動を開始する前に、しばらくその意識を礼拝しなさい。また就寝前には再びその意識、「私は在るという性質」の中に留まりなさい。それに帰依して、そういう気分で眠りにつきなさい。

真我について瞑想する意識が、あなたにその真我を明らかにすることだろう。

人々は非常に多くの神々を崇拝しているが、こういった神々は人々のマインドにわき起こった概念にすぎない。

人々は自分自身を救いたいと言うが、いったい何を救うというのだろうか？　あなたは何を救おうとしているのだろうか？

ここではあなたの知識はすべて消滅している。だから、ここを去るときには自分がジニャーニだというプライドをもつことはできない。

一九八〇年一〇月一四日

質問者　マハラジの前にいると、私はもう質問があるとは感じません。

マハラジ　あなたは疑いが追放されたと感じているようだが、それでもまだその日は遠い。ただ待ちなさい。

質問者　私たちが永遠の至福を楽しめるように、先生から何か一言、提案していただけませんか？

マハラジ　私には非常に簡単な救済策がある。それは、私はこの肉体ではないというものだ。もし世界が現実であるなら、何らかの対処法が可能だったことだろうが、しかし、世界は現実ではない。あなたが何をしても、役に立たない。あらゆるところで、あらゆる努力にもかかわらず、あなたはこのすべての混乱を見る。あなたはそれを止めることができない。それは絶え間ない変化の状態にあり、すべては非現実だ。

私の話を聞いたあと、あなたは知識を獲得し、貯めるのか、それとも何であれあなたがもっていた知識が消滅しただろうか？

質問者　消滅しつつあります。私はマハラジを自宅へ連れて帰りたいです。

マハラジ　私はただボンベイの町のようなものだ。あなたは自分といっしょにボンベイを自宅に運ぶことができるだろうか？　世界をこのように経験することは、自然発生的にあなたに起こっているのであって、あなたの努力からではない。あなたがグルを理解することさえ自然発生的でなければならない。何も止まることはないだろう。すべてのこの過程はあなたの努力なしに続いている。非常に多くの肉体が創造されつつあり、死につつある。世界を運営するためのすべての行為はすでに起こっているのだ。

何百万という肉体の創造過程がすでに空間の中で進行している。雑草から現れた穀物の中には「私は在るという性質」が潜在的に存在している。電話のメッセージ、「もしもし、私は存在しています」がすでに一粒の食物の中にある。もし自分自身の努力で何かを創造するなら、そのとき初めてあなたはそれを破壊することができる。しかし、この創造はあなたの努力ではないのだ。

一九八〇年一〇月一五日

質問者　人生において、自分の嫌いな状況を変えたいと思う瞬間が多くあります。

マハラジ　あなたはその状況と戦うかもしれないが、しかしあなたはその状況ではない。

質問者　人がマインドを眺め始めると、自分はそれから離れていることを知り、マインドの争いに巻き込まれたくないと思います。そうすれば、自然に軋轢が少なくなることでしょう。

マハラジ　この過程において、個人としてのあなたはまったく残されていない。「私は在る」はサットヴァ・グナの産物、つまり食物の本質の産物であることを理解しなさい。

軋轢は静寂なる観照と世界との戦いだ。戦いは言葉が意識から出始めたときに始まる。あなたは自分から出た言葉を抱きしめ、その言葉の意味の戦士となる。

あなたは山ほどの概念と言葉をもっている。これらを追い出すために、あなたはまた別の概念を使う。あなたの第一の概念も含めて、すべての概念をあなたが追放したとき、何であれ存在するものがある。静寂の中にじっと留まっていなさい。

質問者　言葉は必要でしょうか？　それとも、必要なことはただマハラジの存在だけでしょうか？

マハラジ　疑いもなく、賢者と関わることは理解にとって役に立つが、それでも質問と答えは継続しておこなわれなければならない。常にマインドから湧き起こる何らかの疑いがあるので、マインドのすべての痕跡が取り除かれるまで、あなたは言葉によってそれらを空《から》にしなければならない。

質問者　最近、思考がやって来るときは、私はただ向きを変え、今ではそれらを止められるように感じます。

マハラジ　もしあなたにそれができるなら、けっこうなことだ。しかし、言葉が流れて来たら、ただ流れるままにしておきなさい。

質問者　自分の思考に巻き込まれないでいること、それだけで充分ですか？

マハラジ　そのとおりだ。それだけが唯一のことだ。起こるべきことは何であれ、起こる。おこなうということをあなたはまさに放棄したのだ。

質問者　では、自分を改善したり、よりよいことをする必要はもはやないわけですね？

マハラジ　自分の思考にしがみついていないとき、あなたはもはや人ではない。

質問者　そのことは私を少々脅えさせます。あらゆることが起こる可能性があります。私が狂ったことをする可能性があります。

マハラジ　それはよくある段階であり、すべての人がそれを通過する。恐れはマインドの一つの特質であり、マインドは自分自身を失いたくないのだ。

ナマ・マントラ（名前を唱えるマントラ）を唱え、そのマントラをしっかりと掴んでいなさい。なぜなら、これはマインドがすべての支えを失う段階なので、それゆえあなたはそれにマントラの支えを与えるのだ。

質問者　自分自身に関して好きでない物事も思考からやって来ます。ということは、私はそれらもまた手放すことができますか？

マハラジ　そのとおりだ。しかし、自分自身と言ってはいけない。それも思考にすぎない。

質問者　ということは、最終的にはそれほど簡単なことなのですね。つまり、ただ思考を取り除くだけ——それが真実なんですね。

マハラジ　それは小さな達成ではない。あなたは自分が思考から解放されたと思うかもしれないが、いくつかの段階で思考が突然あなたに襲いかかることだろう。多くのいわゆる賢者たちは、そういった思考から解放された状態に到達したにもかかわらず、堕落してしまった。

一九八〇年一〇月一七日

マハラジ　ただありのままのあなたでありなさい。想像したり、イメージをもったりしてはいけない。肉体とイメージはあなたの人生でずっと変化してきたが、これらのどのイメージも一定ではない。

二十五年後、あなたの肉体は今のイメージを放棄して、老人のイメージをもつことだろう。その後、そのイメージもまたなくなってしまうことだろう。もしこれらのイメージが現実なら、それらは残っていたことだろう。しかし、それらは非現実だ。「私は在る」の原理はどんな形も色もデザインももたない。これらのデザインを通じて、私たちは楽しんだり、苦しんだりする。しかし、何も現実ではなく、あなたが得るどんな経験も現実ではない。あなたが泣こうが笑おうが、それはこの瞬間のイメージにすぎない。次の瞬間、それは変っていくことだろう。中にはただ瞬間だけ、涙を流したり、泣いたり、嘆いたりすることが得意な人たちもいる。

肉体がそこにあるかぎり、この過ぎ行くショーも絶えず変化しながら、そこにあることだろう。最終的には、それでもってあなたが世界を見ている、まさにその意識が止まることだろう。この肉体と意識は期間が限定されているのだ。

質問者　私が死ぬとき、もし完全に到達していなければ、別の誕生があるのでしょうか?

マハラジ　もしあなたがその概念をもって死ねば、その概念が別の誕生となることだろう。あなたはその概念がどんな形をとるのかを知らない。

運命が完全に消滅しつつある人だけが私を訪問している。その人には少しの運命も残らないだろう。あなたは遠い国から来られたご婦人であるが、なぜあなたはこの場所を訪問しているのだろうか?

なぜなら、あなたの運命は消滅しつつあるからだ。

一九八〇年一一月七日

質問者　意識は時間に束縛されています。であれば、私が何であるにしろ、それもまた時間に束縛されているのですか？　それとも永遠なるものがあるのでしょうか？

マハラジ　肉体がそこにあるかぎり、あなたはこの意識だ。しかし、いったん意識と肉体が去れば、あなたはその原初の状態であり、その上にすべてが一時的状態としてやって来る。あなたの原初の状態は変化がなく、永遠なのだ。

問題は、あなた方はみな、**それ**があなたの本質であることを忘れて、**それ**を求めていることだ。主体としてのあなたが対象物としてのあなたを求めている。あなたはあなたが求めるものなのだ。

態度があるかぎり恐れがある。もしあなたが探求者という態度をとれば、伝統的な探求者の修行と制限に必ず従わざるをえない。

私が話すことすべての目的は何だろうか？　それは、肉体－マインドとの一体化への直接攻撃だ。その一体化がそこにあるかぎり、私の直接攻撃は続くことだろう。

いったん肉体－マインドとの一体化が断絶すれば、ブラフマンがやって来てあなたの足元に手をつくことだろう。

質問者　この断絶は突然起こるのですか、それとも序々に起こるのですか？

マハラジ　それはあなたがそれをどのように見るかによる。もしあなたが待っているなら、それは序々に起こるだろうが、最後の一歩が歩まれるときは突然だ。それが実際に起こるときは、あなたは非顕現と顕現のアイデンティティを理解するだろうが、それらは一つであって、違いは何もない。

本当の知識はすべての考えられうる概念が放棄されたときに初めてやって来ることができ、それも内部からのみだ。

パラブラフマンには始まりも終わりもなく、**それ**は永遠だ。一方、意識は時間に束縛されており、始まりと終わりがある。

あなたが朝、目を覚まして自分が存在することを知るのと同様にこれは起こったのだ。私が在るゆえに、私は目を覚ます。もし私が存在しなかったならば、どうやって私は目を覚ますことができるだろうか？

パラブラフマンは**それ**が在ることを知るようになり、意識は**それ**が在ることをパラブラフマンが知る状態だ。パラブラフマンはあなたの永遠の状態であり、あなたはそれを忘れたことがないために思い出すことができないのだ。それがあなたの日々の経験であり、あなたはそれを知っている。意識があり、「私」という問題はない。**それ**はただ在る。

生命力は穀物の粒の中では眠った状態だ。その生命力を理解し、それをどんな形態にも条件づけないようにしなさい。この存在性はあなたが一握りで掴めるような何かではなく、顕現し、空間のようにあらゆるところへ浸透している。

こういったすべての深遠なる話は精神的娯楽にすぎない。あなたがもっとより深く霊性の中に入れば、「私は在る」はまさに神であり、つまり無数の宇宙の魂であるが、また娯楽であることも理解することだろう。私の話のすべてが概念的娯楽だ。

一九八〇年一一月一〇日

マハラジ　記憶はどれくらい昔までさかのぼることができるだろうか？　幼い子供の頃、誰か大人の肩に乗っていたのを私は覚えている。彼は私をある丘の上へ連れて行くところで、私は太陽が昇るのを見ることができた。それが、私の最初の印象だ。

あなたはこのことを考えたことがあるだろうか？　何歳であなたは自分自身の肉体の知識を得ただろうか？　仮にあなたが四歳で自分自身を知り始めたとしよう。四歳以前に何が起こったとしても、それはあなたが知ることもなく起こったのであり、あなたの記憶の中にその記録がない。あなたは起こった物事を他人から聞いたかもしれないが、直接は知らない。私には誰かに噛まれたと言われる傷があるが、その記憶はない。子供が自分自身を知る前にも、非常にたくさんのことが起こっているのだ。

最初の数年間、「私は在る」という第一の概念がそこにあったが、眠っている状態だった。のちにそれは自分自身を知り始めた。

ジニャーニの状態は、子供が自分を知らなかったときの状態に似ている。それ自身を表現する道具は今では非常に異なっているが、その原理は同じだ。

ジニャーニは様々な表現スタイルをもつものだ。ラマナ・マハルシはアイロンのかかっていないただ洗濯されただけの褌だけを身につけていたが、ここで私は、服は非常に清潔でしわがないように気を配りたいと思っている。

また、自分の肉体をまったく意識しなかった別の賢者もいた。彼は裸で歩きまわっていた。主クリシュナは私同様に現代的で非常にきちんとした服を着ていた。人々はその内在する原理に行くのではなく、ジニャーニの外側の表現の中でさ迷って、それを真似しようとする。

今私は、その最初の瞬間を完全に知り、誕生とは何かも知り、あらゆることを知った。しかしながら、私は意図的にその誕生の中に入ることができたのだろうか？

入るとか、入らないとか、あるいは何かを決定するとき、自分が行為者だとかその決定者だという感覚を私はもっていたのだろうか？　自分の誕生の知識をもったと言うとき、私は本当にその瞬間に何が起きたかを直接知っているのだろうか？　これらのすべては概念的な知識であり、そのとき以来のすべての知識もまた概念的だ。

一九八〇年一一月一一日

マハラジ　あらゆるところに賢者や聖人が満ちあふれているが、彼らはまだ自分の存在性が継続することを熱望している。

私はどれくらいの間、この目覚めた状態と熟睡、また目覚めた状態と熟睡というサイクルを続けなければいけないのだろうか？　このサイクルが続くかぎり、知識のあることもまたそこに行き渡ることだろう。あなたはこの目覚めた状態と熟睡状態に飽きた人に出会ったことがあるだろうか？　あなたはこの目覚めた状態で多くの活動をおこなうが、疲れると眠りに落ちる。この継続的サイクルに、いったいどんな利点があるというのだろうか？

質問者　「神の技の価値を理解する人はまれだ」と言われています。その神の技とは何でしょうか？

マハラジ　どこにその神はいるのだろうか？　もしあなたが何かの技について尋ねたければ、自分の両親の技について尋ねなさい。
あなたは誰かに何かを懇願したいがために神を創造するが、それがいわゆる霊性と呼ばれるものだ。

質問者 私はそういった種類の神を信じてはいません。神とは、マハラジが言うように「私は在る」の感触だと信じています。

マハラジ もしあなたが、私が言ったことを本当に理解し、消化したならば、この場所に足を踏み入れることはなかっただろう。

質問者 もし私があなたの言うことを本当に理解したなら、私はここに来る必要がない――わかりました。でも、一つだけ質問させてください。事実は……

マハラジ 事実ということで、あなたは何が言いたいのか?

質問者 要するに、私は何をするべきかさえ、わからないのです。

マハラジ あなたにできないことをやりなさい。

マーヤーという言葉は概念だけでできている。苦痛を世界のせいにすることはできない。この苦痛の全原因は「私は在る」という知識のあることなのだ。もしこの知識のあることがなければ、苦痛とか喜びがありうるだろうか？

もしあなたが神に出会いたいと思うならば、自分自身の真我に深く潜りなさい。真我はあらゆることのまさに宝庫だ。

質問者　夢の状態はどうやって起こるのですか？

マハラジ　熟睡の中に見かけの目覚めた状態があり、そこで「私は在るという性質」がそれ自身の目覚めを感じて夢の世界を創造するのだ。

あなたは自分がどうやってこの混乱の中へ進行してきたのか、非常によく知っている。このことを調査し、静かにしていなさい。

私の毒のある荒々しい話を聞いたあと、あなたは明日は来ないかもしれないが、問題ではない。何度も言うが、世界中を走りまわっても誰もあなたにその知識を与えてはくれない。自分自身の真我に退却しなさい。あなた自身の存在性へ明け渡しなさい。それだけがあなたにとって必要なすべての知識を与えてくれることだろう。他の誰もそれをしてはくれない。あなたはこのことを調査せず、ただ盲目的に霊的儀式に従っているだけだ。

あなたはどこにいても、誠実になって、ただ自分自身の存在だけに帰依しなさい。

一九八〇年一一月二三日

質問者　観照は意識以前の**それ**によって為されるのですか？　それとも意識がそれ自身を観照するのですか？

マハラジ　橋まで来たら、それを渡りなさい。意識以前の原理について心配しないで、あなたはただ意識でありなさい。

質問者　神とはただ概念にすぎないのでしょうか？

マハラジ　神が意味するのは意識だけだ。意識のないところで集められるものがあるなら、集めてみるがいい。

質問者　私たちはジニャーニの状態を理解することができません。もしジニャーニが**絶対**と一つになったら、意識を示す余地はあるのでしょうか？　私たちはどのようにしてジニャーニがパラブラフマンであり、かつここにいることができるのか、理解できません。

通訳　ジニャーニは求められれば意識を超え、**絶対**であることもできます。特定の肉体がまだそこにあるので意識の中に入ることもでき、その肉体を通じて意識の中の存在たちとのコミュニケーションも起こります。

私たちの聖典で与えられている例は次のようなものです。海があって、その水を入れたポットがあるとしましょう。今、ポットを海に浸したままにすると、中の水は海の水と融合し、それらの水には何の違いもありません。しかし、ポットの中の水はまだポットを観照することもできます。それは**絶対**と一体でありながら、その肉体もまだ使えるという利点をもっていることになります。この例で、ジニャーニの状態がどんなものでありうるかを理解することができます。

マハラジ　存在性を理解しなさい。そうすれば、すべてが解決することだろう。すべてはあなたの粗雑な状態から、**絶対**の状態を推定したものだ。現在それは、パラブラフマンを指し示している看板のようだ。しかし、パラブラフマンという言葉はパラブラフマンではない。

あなたは質問することが習慣になっている。いくつかの言葉が投げ返され、いくつかの概念が与えられると、あなたは理解したと言う。

私の話の唯一のテーマはあなただ。あなたは自分が存在していることを知っている。どうやって、なぜ、あなたは自分が存在していることを知っているのか？　私が話しているのはそのことだけだ。

あなたは意識について何の権威ももっておらず、それは自然にやって来て、自然に去って行く。あなたはそれについては何もすることができない。

質問者　では、コントロールするというすべての考えが無意味なのですね？

マハラジ　そのとおりだ。あなたはそれについて絶対的に何の権威ももっていない。

質問者　まさに基盤が私たちの元から取り去られています。

マハラジ　あなたの霊性のすべての瞬間が、「私はこの肉体である」にもとづいている。「私は在る」というこの知識は、わずかな期間しか留まらないことだろう。

質問者　自分は誰それの生まれ変わりだという人たちはどうなんですか？　それらもまた観念にすぎないのでしょうか？

マハラジ　自分の真実の立場に立つとき、こういうことはあなたにとって非常に明確になることだろう。そのときまで、もし好きならそれを受け入れなさい。自分の本当の状態を知るまで、あなたはこれらのうわさをすべて受け入れることだろう。なぜなら、あなたは真理を知らないからだ。

あなたはそういった以前の状態へ行く必要はない。現在のあなたの状態である第一の概念を徹底的に調べなさい。徹底的に調べれば、その概念以前のあなたの本質が開かれる。通常、ジニャーニは探求者にこれほど詳しい説明はしないものだ。

あなたはラマナ・マハルシの教えを徹底的に研究した。彼の教えの中で、あなたはこのような説明に出会ったかね？

質問者　マハラジの教えを聞けば聞くほど、私はますますラマナ・マハルシの教えを理解します。

マハラジ　あなたはラマナ・マハルシを理解したのだろうか？

質問者　私は決して理解することはできません。なぜなら、彼は**絶対**であり、理解されるべき対象物ではないからです。私もまた対象物ではありません。

マハラジ　そのとおりだ。ラマナ・マハルシは**絶対**であり、あなたも**それ**だ。**絶対**はあなたの経験の領域では捉えることができない。あなたはそれを確信しただろうか？

質問者　はい。

マハラジ　なぜこの私の存在性は起きたのだろうか？　その原因とは何だったのだろうか？　あなたはこれが何かを徹底的に知るようにならなければならない。

質問者　こういった質問への答えを見つけようとする意味は何ですか？　私は存在し、私の存在性が現れ、また消えることを知るだけで、充分ではないでしょうか？　なぜ私はこういったすべてを知る必要があるのでしょうか？

マハラジ　あなたは知らねばならないのだ！　この知識のあることは何の結果か？　それはどういう特質か？

質問者　それは食物の特質です。

マハラジ　そのとおりだが、あなたはそれをいつ知るようになるのか？

質問者　私は経験していないので、わかりません。

一九八〇年一一月二九日

質問者　私である**これ**と、時間に束縛されている意識との関係はどういうものですか？

マハラジ　あなたが関係を発見しようとしている「私」という概念とは何だろうか？　そこがまさに、間違った概念が生じるところだ。

時間と空間というこの概念の中に全顕現があり、その中であなたは自分が何か分離したものだと考えている。しかし、分離しているものは何もなく、あなたは全顕現の機能の一部だ。

絶対としての私は、時間が存在せず、無限で、気づきに気づくことのない気づきだ。時間の存在しない私としては、自分自身を時間として表現し、無限としての私は、自分自身を空間として表現する。空間と時間の経過が存在しないかぎり、私は自分自身を意識することができない。空間と時間が存在するときには意識があり、その中に全顕現が起こり、様々な現象が存在するようになる。

気づきである**私自身**はこの意識の中に降りて来る。そして意識の中で私は、**私自身**を多様な方法と無数の形態で表現する。これが肝腎なところで、顕現の枠組みだ。そこには個人性という問題は皆無だ。

［リンゴの袋を持ち上げて］これは何だろうか？　この果物やヤギ、人間には何の違いもない。それはすべて食物の産物であり、これらはみな食物だ。

すべての創造物、あらゆる生物は五大元素から成り立ち、それぞれの生物の行動はサットヴァ、ラジャス、タマスという三つのグナの組み合わせに依存している。この世界で起こるすべての出来事に責任という問題はない。ただ責任を受け取ることで人は苦しむのだ。

存在しているという意識、五大元素、そして三つのグナ、それが宇宙の全顕現だ。

あなたの原初の状態では、気づきへの気づきがない。それゆえ、知識という問題もない。知識は肉体と意識が現れるときにいっしょにやって来るのだ。この知識は実は無知であり、それにもとづいているどんな知識もまた無知なのだ。あなたは長年霊性を修行してきたが、今、何を手にしたのだろうか？

質問者　私は意識であり、それが私の獲得したものです。

マハラジ　それは永遠だろうか？　それはあなたの本質だろうか？

質問者　私は自分自身を全顕現と一体化しています。

マハラジ　そういったすべては、あなたが自分の意識を得たあとに初めて、起こったのではないだろうか？　この意識があなたに襲いかかる前の状態に戻りなさい。

最初、あなたは肉体と一体化する。それから、意識と一体化する。しばらく意識であり続けたあと、あなたは自分がジニャーニになったと思い込む罠に陥る。意識の中にいることさえ時間に束縛されている。原初の状態は、意識があなたに襲いかかる前にある。ある人の場合、知識が与えられ、それが理解され、**それ**に一日でなった。また別の人は千年かかってその状態に到達した。そこに何か違いがあるだろうか？

昔私が愛したものを、今ではもう欲しいとは思わない。なぜなら、私は自分の本質に気づいているからだ。私はこの意識をたとえ五分間でも必要としない。

あなたは人生の終わりに、それを五分間延長するためでさえ、五十万ルピーを支払う用意があることだろう。しかし、私は一ルピーだって払うつもりはない。私はこの顕現世界に対してすべての愛情を失ってしまった。

あなたは「私は在る」というこの知識を適切に維持しなければならない。もしこれらの道具が整理整頓されていないときには、私は人々にガミガミ言う。ここにあるタオルが洗われずに放っておかれたら、誰であれ責任者に私は腹を立てることだろう。タオルの汚れは、取り除かれるべきだ。同様に、「私は在る」はそれを通じてあなたがすべての知識を得る道具だ。あなたはその「私は在る」を礼拝し、あらゆる添加物や汚れを取り除きなさい。

質問者　どのように「私は在るという性質」を礼拝するのですか？

マハラジ　知識のあることだけが、それに押し付けられたすべての汚れを指摘することができる。空間でさえ、「私は在る」という知識ほど純粋ではない。本質的には世界は非常に純粋であるが、それは汚染されている。なぜなら、あなたが肉体と一体化するからだ。あなたは「私は在る」をその純粋さにおいて認識しないので、アイデンティティを得ようと様々な本や賢者たちを参考にするのだ。

別の質問者　私は自分の存在、自分の実存を失うことを恐れています。

マハラジ　どこに心配すべき問題があるのだろうか？　パラブラフマンでさえ**それ自身**を知らないのだ。私たちが「あなたは存在しない、私は存在しない」という結論に到達するとき、残されたものがパラブラフマンだと言われている。しかし、パラブラフマンとは何だろうか？　あなたはそれを描写することができない。それであなたは黙っている。私もまた沈黙している。パラブラフマンはどんなものとも比較できないのだ。

質問者　ナマ・ジャパ（名前を繰り返し唱えること）は役に立ちますか？

マハラジ　ぜひそれをやりなさい。その価値はいずれ証明されることだろう。あなたはそのジャパの中に留まらなければならない。自分がどんな恩恵をそれから引き出すかということを概念化しても役に立たない。それにただ従い、その恩恵を実現しなさい。たとえナマ・ジャパに従う人が間抜けやバカに見えても、彼は偉大な賢者になることだろう。そのパワーはジャパの詠唱の中にある。そのような人がサットグルに出会えば、その賢者は彼に言う。「あなたは自分自身の世話をする必要はない。なぜなら、あなたはその内在する原理『私は在る』だからだ。あなたは何の世話もする必要がない。あなたはただ存在しなさい。そうすれば、すべてはあなたのために面倒を見られることだろう」。

あなたがうわさに頼るばかりで、自分自身で調べないことが残念だ。あなたの知識は自分の肉体と借りてきた知識に限定されている。

世界のすべての活動はこの「私は在るという性質」ゆえに進行している。それは世界を創造している源泉だ。まず、その「私は在るという性質」を理解しなさい。そのとき初めて、あなたはそれを超越することができる。まず最初に、その「私は在るという性質」でありなさい。

一九八〇年一一月三〇日

マハラジ　この「私は在るという性質」は自然の機能であり、五大元素からなる食物の本質である肉体の産物だ。それはそれ自身を知り、存在することを愛している。この知識のあることの助けで、あなたは自分の**真我**を知るようになる。

多くの年月が過ぎ去ったが、誰一人として自分のアイデンティティや記憶を永遠に留めておくことはできなかった。それは肉体が去るときいっしょになくなってしまう。五大元素プラス三つのグナが人を意味するが、そこにはこの「知識のあること」、つまり「私は在る」という記憶が付随する。この人格は五大元素によって供給される食物で維持される。その食物がきちんと供給されているかぎり、肉体と「私は在るという性質」もまたそこにあることだろう。いったんその供給が止まれば、「私は在るという性質」の感触もなくなってしまう。

マハラジに会いに来た**それ**、あなたはそれを認識しているのだろうか？　それは肉体だろうか？　それとも、肉体の外側にある何かだろうか？

質問者　内側か外側か、私にはわかりません。

マハラジ　非常にいい答えだ。その肉体をわきによけて、それを描写してみなさい。

質問者　私にはできません。

マハラジ　あなたがそれを描写できないとすれば、それは何の役に立つのか？

質問者　何の役にも立ちません。

マハラジ　いったんこれを理解したら、あなたは真理を得ることだろう。ここで聞いているもの、つまりあなたの知らないものがあなただ。そしてあなたが自分だと思っているものは、あなたではない。

最高の霊性の目的はパラマートマンだという知識は肉体と「私は在る」に内在するが、それは描写できないものだ。このことに確固として同意するなら、それはあなたが霊的知恵をもっていることを意味するのではないだろうか？

質問者　誰が霊的知恵を得ることができるのでしょうか？

マハラジ　あなた以外にいったい誰がそうできると言うのかね？　ただあなただけだ。あなた以外に「私は誰か」と尋ねることのできる人がいるのだろうか？　もし「私」という質問者がそこにいなければ、誰が質問するのだろうか？　これが、あなたにとっての霊的知識の頂点なのだ。あなたはもう二度と来る必要がない。

質問者　私はマハラジといっしょに座るのが好きです。

マハラジ　だったら、ここに座っていればいい。さて、あなたがあと一年生きようが、千年生きようが、その結果はただこれだけだろう。

質問者　マハラジは私が質問をする前に答えてくださいます。

マハラジ　最初あなたは他の人たちが言うことを受け入れる。しかし、やがて何であれ受け入れたことは、船外に投げ出される。

質問者　私は存在性がどうやって存在するようになったのかについて、何も経験していません。なぜなら、私は存在以前に何が実在していたのかについての知識がまったくないからです。

マハラジ　この知識は非常に単純で、同時に非常に奥深い。知識のあることが現れ、そして最後には消滅する過程のすべてを誰が知っているのだろうか？　これを理解できればサットグルの状態に到達しているが、普通の人は理解できない。サットグルは人間の両親の子供ではないのだ。

これらの秘密を知り、理解するためには、まさに「私は在る」の原理に明け渡しなさい。そうすれば、その意識だけがあなたをこれに導いてくれることだろう。今、意識の中に安定しなさい。もしそうしなければ、まさにあなたの概念は非常に危険なものになり、あなたを絞め殺すことだろう。あなたが存在しているという知識がすべてのエネルギーの源泉であり、すべての神々の源泉であり、あらゆるタイプの知識の源泉だ。

こういった話を聞いたからには、あなたは二度とここに来る必要はない。あなたであるその意識の中に、そしてそれゆえにあらゆるものが存在するそのまさにダイナミックな原理の中にただいるだけでいい。自分自身をその中に安定させ、そこで自分の安定を確認しなさい。あなたはただそれであるだけだ。これは最も単純な方法だ。あなたは自分が存在することを知っている。だから、ただそこにいなさい。

一九八〇年一二月七日

質問者　私は**究極**を直接経験したいです。

マハラジ　**絶対**は経験できないものだ。それは対象的な物事ではない。私が一元性《ユニシティ》であるとき、それは自分の気づきに気づいていない純粋な気づきだ。そして、どんな主体と対象も存在しえない。それゆえ、何の観照もありえない。どんな顕現、どんな機能、どんな観照もただ二元性の中でのみ起こることができる。そこには主体と対象がなければならず、それらは二つのものだ。しかしそれらは二つではなく、同じものの両端なのだ。意識が動き出すとき、二元性が起こる。何百万という対象物があり、それぞれの対象物がお互いを見るとき、自分が**絶対**の主体だと思い込むものだが、実際それは対象物だ。対象物である私は他のすべての対象物を認識したり解釈したりするが、自分が主体だと思い込んでいるので観照が起こるのだ。

質問者 なぜ意識は動き出すのでしょうか？　その原因は何ですか？

マハラジ どんな原因もなく、自然発生的にそれは起こる。そこにはどんな理由もない。その意識は宇宙的なものであり、どんな個人性もない。しかしその意識がこれもまた自然発生的に起こった特定の形態の中で動き回ったり機能したりし始めるとき、その形態はそれを個人だと思い込み、無限のそれ自身を特定の形態に制限するために問題が発生するのだ。

誰かがジニャーニになったとしよう。しかし、まず第一にそれは何だったのだろうか？　それはあの酸っぱく苦い原理であり、意識を生じさせる分泌物だ。そのまさに原理である「私は在る」という知識が発展し、成長し、甘くなる。それが成熟して顕現化したジニャーニの状態になるのだ。このジニャーニとは何だろうか？　それは五大元素からなる食物の本質の産物だ。それがなくなるとき、何が残るのだろうか？　それ自身を知らない**絶対**だ。

質問者　自由を望む願望もまた願望ではありませんか？

マハラジ　自由について話さずに、あなた自身や、あなたとは何かについて話しなさい。あなたがそれを理解するとき、知識と無知の両方が消える。無知がそこにあるときにかぎり、あなたは知識を要求する。

知識のある人は無知な人の無知を取り除くために、あらゆることを教えることができる。その目的のために、彼はいわゆる世俗的知識、概念の助けを受け入れる。そして世俗的で概念的な知識と無知の両方が同時になくなる。ジニャーニもあなたの無知を取り除くために、あらゆる概念を与えることだろう。この「私は在るという性質」は知識であり、あなたはそれを抱きしめている。それを取り除くために、つまりあなたが五大元素からなる食物の本質の産物である「私は在るという性質」ではないことを理解するために、彼はこういったすべての概念を与えるのだ。いったんあなたがそれを理解すれば、彼がどんな概念を与えようとも、この「私は在るという性質」といっしょに投げ捨てられることになる。残っているものが**絶対**だ。

これが実際の現実の状態だ。あなたは決して、私はこれのようだ、あれのようだと言うことはできない。あなたは知識がないものだ。人がこれを理解して、意識の領域を超えるのはまれであろう。

私の話を聞いたあと、あなたはそれを非常に単純だと思うだろうが、しかし、これはそれほど簡単ではない。

一九八〇年一二月九日

マハラジ　ここであなたは、聞きたいと期待したことではなく、あるがままを知るようになる。意識が起こるとき、二元性が起こる。私は存在し、私は自分が存在していることを知っている。それが二元性だ。私は存在し、私は自分が存在していることを意識していない。これが一元性だ。たった一つのものしか存在しないが、この意識がそこに存在するときには二元性の感覚がある。

質問者　覚醒した人はあらゆることに気づいているのですか？

マハラジ　実際は覚醒している人がいるわけではなく、純粋な知識があるだけだ。ただコミュニケーション上、覚醒した人と言うだけだ。知識が、それを知識だと理解したのだ。起こったことはそれだけだ。私はこの肉体ではなく、言葉でもない。知識がそれを認識するとき、それが**真我実現**と呼ばれる。

質問者　マハラジが与えている知識はジニャーニのためのものです。これを理解できない非常に単純な人はどうなるのでしょうか？

マハラジ　バジャンと瞑想をやりなさい。瞑想によって、未熟な知識がしだいに成熟することだろう。

質問者　千年前、人々は原始的でした。彼らはこういうことを理解できなかったことでしょう。それはただ発達したマインドのためのものです。

マハラジ　原始的であろうと、文明化されていようと、人々はこれを理解することができる。当時でさえ、この知識が現れた者たちがいたはずであり、彼らは直感的にこれを理解した。

この知識は新しいものではない。これは常に存在してきた。人々は直感的にこれを理解するようになったのだ。

質問者　なぜインドがこの知識の発祥地のように見えるのでしょうか？　他のどの国もこの知識をもっていないようです。

マハラジ　それは違う。この顕現は**絶対**の表現であり、その顕現は様々な国で様々な形を取ることだろう。それがどんな種類の表現をとるかは重要なことではない。基本的にはすべてが**絶対**の顕現だ。原因もなければ、結果もない。なぜあるものがある場所にあって、別の何かが別の場所にあるのか、どんな理由もない。人がすべきことは、自分とは何かを自分で発見することだ。

質問者　グルはその知識に向かって一押ししてくれることはできますか？

マハラジ　あなたは自分が一人の個人で、グルもまた別の個人だと思っているが、そうではない。グルとはこの意識を知るものだが、仮の姿だ。

この奇妙な状況を理解しなさい。私があなたに話している間、この肉体には耐え難い苦痛がある。

お互いから分離しているどんな個人もいないし、世俗的知識と霊的知識として分離しているどんな知識もないことを、私は確固と理解した。グルも弟子もいなければ、神も帰依者もいない。対立するものは何もない。それらは分離した二つの部分ではなく、同じものの二つの部分、二つの極だ。私はそれを確信しながら、それでもあなたに話している。あなたはそれを知識として受け入れ、私はそれを知識として与える。このおかしな要因を理解しなさい。

この話は私から自然発生的に生じている。言葉が出て来る前には何も意味付けされていない。マインドはどんな役割も演じていない。それは直接的で自然発生的だ。

質問者　マハラジが意識という言葉を使うとき、それはどういう定義ですか？

マハラジ　ここで使われている意識は、この生きて、存在しているという感覚、存在感のことだ。それはあらゆる願望の源泉と原因である存在の愛なのだ。

一九八〇年一二月一三日

マハラジ　**絶対**は一元性であり、**それ自身**だが、それは多くの方法や形態で表現される。**絶対**としては、私は自分自身を経験しない。他者を想定しない帰依は真我への帰依であり、そこに二元性はない。いったん二元性がやって来ると、帰依は主体と対象に分かれる。誕生前、私たちは自分自身を意識しなかった。異質な要素である誕生がもたらされて初めて、私たちは自分自身を意識するようになったのだ。

これを理解することが目覚めであり、それにはどんな道もテクニックもない。これは非常に霊妙なことで、私はそれについてはもっと話したいが、これ以上は肉体的に不可能だ。

他の人たちは私のようにオープンには話さないことだろう。一人ひとりがこれをどれくらい受容できるかは、その人自身の運による。またあなたは私から聞いたことを利用できないことも理解しなさい。聞いたことが何であれ、それは独自の展開をすることだろう。

質問者　ここに座って、マハラジの話を聞くことは純粋な喜びです。それが二元性にあるように見えても、何か内部の深いところに響きます。

マハラジ　あなたの中に二元性の感覚があるかぎり、あなたの聞いたことが的に届くことはない。私が言っていることを理解しなさい。意識は自然発生的に起こる。いったん自分自身を意識したら、私は存在していることを知る。そして、私はこの存在性を愛し、自分から離れて欲しくない。このせいで、眠りが襲うまで、この存在の愛を満足させるために私は一日中奮闘する。

それからグルが物事の真実の状態を語った。私がこんなにも愛しているこの意識は幻想にすぎないと教えてくれたのだ。それがすべての不幸の根本原因であり、私の真実の状態はこの意識が起こる前のものだ。それはすべての概念を超えていて、与えられた名前はすべて概念なのだ。

言葉を超えて、直感的に完全にこれを理解しなさい。しかしまた、その理解は何の役にも立たないことも理解しなさい。なぜなら、「役立つ」とは意識のレベルの話であり、意識は幻想だからだ。

ここで録音され、書き写されていることは、やがて理解の基礎が広がって人々が物事の状態とは何なのかを知りたいと思うとき、想像できないほど価値あるものになることだろう。これが広範囲に明らかになる頃には、驚きをもって迎えられるはずだ。こうした言葉は少ないが、ある時点で自分の達成を誇っていた人たちが聞くなら、その知識があまりにも突然に蒸発してしまうのに驚愕することだろう。

質問者　私はここで使われているような意識という言葉を理解できません。意識とは純粋な気づき、**究極**の現実だと思っていました。

マハラジ　この意識は食物からなる生まれたものである肉体に依存していて、時間に束縛されている。意識以前に存在しているものが**絶対**だ。そして、意識が形もなく、それ自身に気づいていないとき、それは**絶対**だ。私たちはこの意識に他ならない。

私はここに来ているあなたに話をしているが、あなたが来ようが来まいが関心はない。私は完全に独立している。**絶対**である私は意識を必要としていない。完全なる独立は単に感知し、理解する。私は見かけ上、「私は在る」という意識に依存している。私があなたを認識できるのは、この知覚のおかげだ。この概念を私はもっていなかったが、そのときでも私は存在していた。私はこの意識が現れる以前にそこにいたのだ。

あなたが何を望み、欲し、崇拝しようが、すべて概念にすぎない。あなたは何が概念的な存在で、何が概念以前の存在かを聞いたことがあるだろうか？　多くの人たちが純粋に霊的目的のためだけにここにやって来て、私に対する大いなる愛を告白した。そのあと、何らかの幸運が彼らに起こって繁栄すると、そのせいでここに来る時間がなくなってしまった。以前あった愛はどこへ行ったのだろうか？　これがマーヤーの領域だ。ある人が誠実な霊的探求の目的をもってここに来たのに、それからこのマーヤーが少々の誘惑を見せると、彼は去ってしまう。

このマーヤーは独立して動いているわけではなく、私たちはパートナーだ。彼はこのマーヤーと離婚する勇気があるだろうか？　いや、彼はそのマーヤーを受け入れることだろう。私はこれだ、私はあれだというエゴを取り除くことはとてもむずかしい。しかし、私が言うことを本当に理解する人には、エゴは触れることができない。

概念が残るかぎり、あなたはここに来続けることだろう。いったんそれを超えたら、ここに来る必要はない。
　あなたはいつから、そして何ゆえに、自分が存在すると考えるようになったのだろうか？

一九八〇年一二月二三日

質問者　人がマインドの中にあるどんな問題であれ観察するとき、それを強く純粋に観察するなら、問題は消滅し、ただ観察だけがあります。その観察とは何で、その観察者とは誰で、その観察の本質とは何でしょうか？　そして、それより先へはどう行ったらいいのでしょうか？

マハラジ　これは伝統的な理解の方法だ。それは世界を観察する伝統的な様式であり、それ以上のことは何もない。ただの様式、それだけだ。この観察の過程はいつ始まったのだろうか？　それは目覚めた状態、熟睡状態、「私は在る」という知識の到着とともに始まり、それらが全部いっしょになって、一つの「私は在る」の中へ転がり込んだのだ。これが誕生として知られていることだ。いわゆる誕生といっしょにこの三人組がやって来て、その到着とともに観察が始まった。毎日、それが続いている。「私は在るという性質」がやって来る瞬間、それは経験し、観察し、その他のために使われている。
　その誕生という出来事が起こる前、「私は在るという性質」はどこにあったのだろうか？　それはそこにはなかったのだ。

質問者　その先のことですが、人が観察の中にいて、ただ観察しているとき、それ以上の質問が何かあるでしょうか？　その質問は何であるべきでしょうか？

マハラジ　いつ、何ゆえに、その観察は起こるのか？　あなたは奥深い語彙を集めてきたが、まだ自己知識が起こっていない。

質問者　おわかりのように、それが私の観察していたことです。その中へどう探求していけばいいのですか？

マハラジ　あなたは自分が存在していることを知っている。自分が存在していることをあなたが知っているために、あらゆることが起きるのだ。その「私は在る」という知識を知るようにしなさい。あなたがその「私は在るという性質」を理解するとき、神秘の殻が破られるのだ。

質問者　そこへ到達するための手順は何ですか？

マハラジ　この質問が起こるその源泉に行きなさい。その源泉がこの質問を解消してくれることだろう。

質問者　その中でも質問はありますか？

マハラジ　そのとおりだ。どんな人でも、どんな原理でも、質問をしたいと思うなら、その人は自分自身を肉体として抱きしめてはいけない。あなたはただその知識、「私は在る」という立場から質問しなさい。

質問者　人は知らないから、質問するのです。

マハラジ　そのとおりだが、第一の無知は私たちの「私は在るという性質」についてだ。私たちはそれを**究極**だと受け止めるが、それが無知だ。私たちはこの意識が永遠で、**究極**だと考えているが、それが間違いなのだ。目覚めた状態と熟睡状態がそこにあるかぎり、この「私は在る」という原理がある。私はその目覚めた状態でもないし、熟睡状態でもない。それゆえ、**絶対**である私はその「私は在る」ではない。この三人組をわきによければ、あなたは何だろうか？

質問者　再び、「私は誰か？」という質問に戻ります。

マハラジ　明確に理解しなさい。あなたが質問をするまさにその道具をわきによけたら、どこにその質問があるのだろうか？

質問者　もし人が質問しないならば……

マハラジ　どの人だ？　あなたはその「人」を取り除いたのだ。

質問者　わかりません。どうして答えることができるでしょうか？

マハラジ　もしこの三人組がいなければ、あなたはどんな質問をすることができるというのだろうか？　仮にあなたが五十歳だとしよう。あなたは五十年間、この三人組と付き合ってきた。さて今、その背後に行き、五十年前のその五年前、あなたの経験は何だったのだろうか？　あなたはどんなふうだったのだろうか？

質問者　わかりません。

マハラジ　それが正解だ。それは知らない状態だったのだ。その知らない状態の中で、突然知識のあることが現れ、それがすべての悪ふざけを創造した。いつからあなたは存在し、そしていつまで存在し続けるのだろうか？

質問者　私が経験してきたときから、そして経験しているかぎり、私は存在するだろうと言えるでしょう。

マハラジ　そのとおりだ。では、「私は在るという性質」の経験なしに、それについて何かしゃべってみなさい。

質問者　できません。

マハラジ　この三人組の状態との付き合い、この悪ふざけの束はいったい何のせいなのだろうか？　たとえば、ビルが火事だとしよう。それは電気のショートが原因のようだ。さて、この三人組の登場はどんな電気ショートが原因だろうか？　何かの軋轢があったのだ。

　このライターを押せば、炎がそこにある。同様に軋轢、つまりショートのせいで、これら三つの状態が燃えているのだ。

質問者　では、その炎とは何ですか？

マハラジ　「私は在る」だ。

質問者　私はその中へ生まれ出たのですね。

マハラジ　その三人組のせいで、あなたは人生を経験し、また霊的なこともおこなっている。

質問者　そして終わりには、何の質問もなく、私は誰かも、私は何かもないわけです。もし私がこの三人組をわきによけることができれば、ただ沈黙だけが存在します。

マハラジ　沈黙や平和は、混乱や騒乱と関係している。

質問者　それは平和とも騒乱とも無関係です。つまり、私が言っている意味は、もし人がこれら三つの状態をわきによけて、自分が自分自身を知らないと知りながら真我の中にただ静かに座れば、人はただ沈黙することしかできません。

マハラジ　あなたが言っていることは不可能だ。目覚めた状態と熟睡がそこにあるかぎり、知識のあることがそこにあるだろう。もしそれらが手に入らないとしたら、あなたはその形でここには来ていないことだろう。

もしあなたが誕生前に自分が生まれることを知る能力があったならば、この誕生の穴に飛び込みたいとは思わなかったことだろう。

一九八〇年一二月二四日

マハラジ　現在の私の状態には大きな違いがある。以前、私がバジャンを聞いていたときは、言葉と言葉の深い意味を意識し、完全にバジャンに没頭していた。今は、バジャンが起こっているという程度にしか反応しないし、何の没頭もない。

私はもはや「自分」にも「自分のもの」にもまったく関心がない。この「自分」と「自分のもの」という感覚があまりに強いと、単に「自分のもの」と一体化するせいで、何も本質的価値がない小さな布切れにすぎないものをめぐってケンカが起こることもある。

この意識はエネルギーに他ならない。肉体の本質が弱くなるとき、意識もますます弱くなり、究極的には去ってしまうが、何も死んではいない。

食物はこのエネルギーをいい調子にしておく一つの品目だ。私はほとんど治療を受けないが、体をマッサージしてもらう。このマッサージはエネルギーである肉体内の温かさを復活させ、そのおかげで、ゆるんで冷たくなりがちな肉体内のエネルギーが温められる。

生まれるものは目覚めた状態と睡眠の状態、そして時間と意識の概念だ。いったんこの意識が自分自身を意識するとき、条件づけによって、ある品目を自分のもの、他の品目を自分のではないものとして受け入れ、意識は自分自身のものだと思う物事のために戦い、それを守ろうとする。意識がそれ自身の潜在パワーとその普遍性を理解するとき、「自分」と「自分のもの」という概念が失われる。

この宇宙意識は神として知られ、万能、全能、全知、遍在といったすべての属性をもっている。これらの属性は意識の中の神に与えられているものであり、**絶対**に対してではない。**絶対**には属性がない。

一九八〇年一二月二七日

マハラジ　問題は、あらゆる人が肉体との一体化を放棄することなく、真我の知識を欲しいと思うことであり、それは矛盾している。この一体化を放棄すれば、あらゆることは単純になる。どんなことであれ、それが起こる以前に私はそこに存在している。もし誰かが、空がいつ存在するようになったかを知っているかと訊かれたら、彼は知らないと答えることだろう。彼が知らないのは、自分自身を肉体がそこにあるときの現象として考えているからだ。
空はそこになかったことを私は知っている。そして、これは誰だろうか？　それはあらゆることの以前にいる一なるものだ。私の本質は時間と空間の概念に制限されていない。

あなたがこういったことを聞くと、即座に混乱して、「その場合、どうやって私は日常の仕事をおこなうことができるのでしょうか？」などと言う。自分の本質を理解して、それから自分の仕事をやりたいだけやりなさい。

私は大きな誠意と緊急性をもってこういったすべてを話している。人々はこれを聞いても、肉体との一体化を放棄しない。彼らは大いなる決意をもって、それにしがみついている。

空が存在する以前にあなたは存在していたという発言さえ、あなたには受け入れ難いことだろう。

子供は一番小さい硬貨で遊んでいるかもしれないが、それが取り上げられたらとても騒ぐことだろう。あなたは知識を与えられているにもかかわらず、同じ決意、同じ不安でもって肉体との一体化を受け入れている。たとえ子供に金でできたおもちゃを与えても、彼はそれを拒否することだろう。なぜなら、彼は自分のマインドをあの小さい硬貨に固定してしまったからだ。だから、たとえ私があなたにこの貴重な知識を与えても、それは受け入れ難いことだろう。私の存在を最初に告げに来る音、私はそれではない。私は存在でもなければ、その存在を告げる音でもない。人が何を見たり、認識したりしても、その人は、見られたり、認識されたりするもの以前にいなければならない。それは単純なことだ。

この真我の知識がますます確固としたものになるにつれ、私たちは以前に自分が非常に心惹かれていた物事にもはや魅力を感じなくなる。見たところ私は楽々と話しているようにあなたは思うだろうが、継続的な苦痛があり、特に午後二時から四時の間は、この意識の存在それ自体が耐え難いものになる。これは誰か他の人の経験ではない。私はそれを自分自身で経験している。

今記録されていることがタイプされ、本にされ、誰かがそれを読むとき、それから何を理解するだろうか？　その人はこんなことを言えた人が生きていたことを想像できないと言うことだろう。現在の事実はと言えば、私が到達してしまった段階は、どんな人でもその原理を一瞥するためでさえ幸運が必要とされる、そういう段階だということだ。その言葉は非常に奥深く、その背後により深い意味がある。幸運な人たちだけがやがて私の話を聞くことだろう。

私は繰り返し、この意識、「私は在る」という知識を除いては、何もないことをあなたに語っている。もしあなたが何かを礼拝したいと思うならば、それを礼拝しなさい。私は祝福を与えている。祝福とは何を意味しているのだろうか？　私は自信と勇気を与えているのだ。

一九八〇年一二月二八日

マハラジ　あなたのあらゆる概念で、全体や**究極**を理解することができるだろうか？　あなたは知識そのものが無知であることを理解しただろうか？　もしそれが現実であるとすれば、それは永遠にそこにあったことだろう。それは、始まりも終わりもなかったことだろう。

今、「私は在る」という経験が感じられているが、以前にその経験は存在しなかった。それが存在しなかったときには、どんな証明も要求されなかったが、いったんそれが存在すると、多くの証明が要求される。

どうやってあなたは朝、目覚めたのだろうか？　そもそもなぜあなたは目覚めたのだろうか？　知るのはマインドではなく、マインドがあるゆえに誰かが知るのだ。さて今、私の手が上がったが、誰が知るのだろうか？　私の手を上げたものは、自分がそれを上げたことを知っている。あなたはマインド以前に存在しており、それゆえにマインドは働いているのだ。

あなたはいつ目覚めるのだろうか？　あなたが存在しているかぎり、あなたは目覚める。

他人の概念を通じて、あなたは自分のまわりにあまりに多くの物事を築きあげてきたので、道に迷っている。「あなた」は他人の概念によって装飾され、粉飾されている。外からのうわさを受け取る以前に、自分についての情報を何かもっていた人がいるのだろうか？

サットグルの目的は、他人からのこういったあらゆる概念を築きあげる以前のあなたがどんなものかを教えることだ。あなたの現在の霊的倉庫は他人の言葉でいっぱいだ。そういった概念を破壊しなさい。サットグルとは決して変わらない永遠の状態――あるがままのあなた――を意味している。あなたはその不変で永遠で変わらない**絶対**だ。サットグルはあなたに、他人のうわさと概念によってあなたのまわりに築きあげられた、こういったすべての壁を取り除きなさいと言っているのだ。

あなたにはどんな形もデザインもない。あなたが見る名前や形はあなたの意識にすぎない。真我には色はないが、色やその他を判断できる。

サットグルによって導かれている者はもう生まれることがない。あなたのサーダナは終わり、あなたはこの場所にたどり着いた。

真我を探すあなたに私はこういう種類の知識を説明し、どんな空腹も願望もない状態へ導いている。あなたが知識をもつとき、意識がそこにあるかぎり、あらゆるところへ行き渡っているものとしての「私」を見るが、意識の観照者はどんな「私は在る」ももっておらず、それがあなたの真実の永遠の本質だ。

肉体を放棄することは、私にとっては偉大な祝祭なのだ。

一九八〇年一二月二九日

マハラジ　瞑想は意識が花開くことを助ける。それはより深い理解と、行動における自然な変化をもたらす。こうした変化は偽人格の中ではなく、意識それ自体の中でもたらされるものだ。押し付けられた変化はマインドのレベルにある。精神的、知的変化は完全に不自然であり、誕生の原理の中で起こるものとは異なっている。瞑想のおかげで、こういった変化が自然に自動的にそれ自身で起こる。
ほとんどの人が知識の木を見て賞賛するが、理解されるべきことは、その源泉である種や潜在的な力であり、そこから知識の木が芽を出すのだ。多くの人たちがそれについて語るが、ただ知的にだけだ。それに対して私は直接的な知識から語っている。

種のような意識の小さな欠片は、その中にすべての世界をもっている。そして、それが自分自身を顕現するために、物理的枠組みが必要となる。

すべての野心、希望、願望は一つのアイデンティティと関係し、それがあるかぎり、どんな真理も理解することはできない。

質問者　全顕現や現象は、全体として何らかの運命をもっているのでしょうか？

マハラジ　たった一つのアイデンティティもないのに、それがどこに行くというのだろうか？　その燃料は炎のような運命であり、だからまた、食物の本質からなる肉体は意識の運命なのだ。意識だけが運命を提供し、そして運命は苦しみを提供する。間違ったアイデンティティのせいで、私たちは個人化された意識を考えるが、実際それは広大で無限だ。

意識の源泉は時間と空間以前にある。顕現は時間と空間を必要としているが、意識の源泉は顕現が起こる前にそこにあった。顕現は五大元素と三つのグナと、そしてとりわけ「私は在るという性質」である意識をもっている。では、意識という私の現存がなければ、存在することのできるものがあるだろうか？　元素でさえ私なしには存在しない。私は何もしているわけでもなく、何かを創造しているわけでもない。それらは意識という私の現存のせいで起こるのだ。私の存在はあらゆるところにあり、私は確信をもってこのことを言う。

こういった言葉を聞く人たちや聞いたことがある人たちもいることだろうし、テープの録音を聞く人たちや聞きたいと思う人たちもいるかもしれない。しかし、環境のせいで、それらから遠いところに追いやられている人たちにはそれが不可能だろう。全顕現の中に無数の多様な形態があるが、そのすべての源泉は意識だ。この意識とは何だろうか？　誰かこういう線で考える人がいるだろうか？

夢の中で人は月や星々などを見る。しかし、アイデンティティはそこにない。意識は目覚めた状態の中で理解されるべきだ。人々は来ては去り、風景も来ては去り、元素も来ては去るが、私は残ったままだ。私は自分の意識を意識し、そのときだけショー全体がそこにある。

仮に非常に重要な人物が二ヶ月後に訪問することになっているとしよう。家々は装飾され、看板が立てられ、道路もきれいにされ、多くの見世物がそこにある。なぜだろうか？　それはそのＶＩＰ（非常に重要な人物）のせいなのだ。

人々の中には一ヶ月も断食し、多くの苦難を自分に課している者たちがいるが、彼らは自分が費やした以上のものを取り戻したいと期待している。

人々は自分の源泉以外はあらゆるところを見るものだ。この起源のエネルギーを除外して、何かが誰かによって為されうるのかを見てみなさい。私たちはこの無限のエネルギーを一つの肉体である単純な現象に制限している。次の言葉を熱心に調べてみなさい。もし私の意識的な現存がそこになければ、私とは何だろうか？　私は自然に湧き起こる自分の言葉を楽しみ、それらがどれほど真実で無条件かを眺める。

殺人犯が捕まらないでいる。多くの殺人を犯した彼を国際警察が追っているが逮捕できない。それは、**絶対**を見つけることができない伝統的な聖典のようなものだ。それは、ヴェーダやプラーナなどの理解を超えている。なぜなら、それは概念的ではないからだ。この殺人犯は警察のあらゆる努力から逃げることを非常に誇っている。彼はまったく恐れを知らないので、彼を捕まえる計画が話し合われている場所に座っている。それゆえ彼は捕まえられないのだ。

あらゆる人が死ななければならない。だったら、自分の本質として死になさい。なぜ肉体として死ぬのか？　自分の本質を決して忘れないようにしなさい。そのことは多くの人たちには受け入れられないかもしれないが、それが事実だ。もしあなたが野心をもたなければならないとしたら、最高の野心をもちなさい。そうすれば、少なくとも死ぬ最中に、あなたは**絶対**になることだろう。今、断固として信念をもって決意しなさい。

トラがあなたに向かって来た。襲われたら死は確実だということをあなたは知っている。だったら、なぜ臆病者として死ぬのか？　あなたが攻撃したら、トラは逃げ去るかもしれない。しかし、トラがただ通りすぎているだけなら、不必要に攻撃してはいけない！　ただ絶対的に必要だというときだけ攻撃しなさい。

神は偉大で、マーヤーは広大だ。しかし、最後にはあなたは何だろうか？　精神的な修正はあなたを真我から連れ去ってしまう。誰も真我について深く完全に調査したがらない。あらゆる人たちが表面的レベルを調査している。

質問者　私のマインドは静かにしていません。それはあちこちへ出かけます。

マハラジ　そのようにブラブラと歩けば楽しいだろうが、知識を得ることはない。それはすべて霊的娯楽だ。なぜなら、事の真実はと言えば、あなたの本質、あるがままのあなたは変化がないからだ。

質問者　願望がそこにあり、それらは要求し続けます。

マハラジ　最終的には、あなたは何だろうか？

質問者　私はたいした人間ではないのです。だから、マインドその他が動き続けます。

マハラジ　では、なぜあなたはこういったすべてのことを学んでいるのだろうか？

質問者　人々に奉仕するためです。

マハラジ　非常に多くの偉大な人たちが素晴らしい奉仕をたくさんしてきたが、彼らは今どこにいるだろうか？

質問者　多くの人たちが来ては去りました。私は願望をもたずに人々に奉仕して、時間を過ごしたいと思っています。

マハラジ　自分の好きなことをすればいい。雨はふることで、多くの存在たちに奉仕している。奉仕をしている間、雨は苦しむことがない。雨のおかげで、生まれて来るすべての存在たちは生命を支えられているが、彼らは幸福だろうか？

質問者　彼らはすべて苦しんでいます。私もまた平和ではありません。マハラジは私たちをどう見ているのでしょうか？

マハラジ　私はあらゆる人たちを私であると見ている。この存在は母親と父親の組み合わせだ。すべての人々は概念に夢中であり、それらを楽しんでいる。

質問者　私が音楽などと一つであるとき、すべては喜びですが、対立しているとき、すべてがみじめです。時に私は怒りを感じます。なぜでしょうか？

マハラジ　マインドと肉体、その行動と反応は私の主題ではない。私はそういった問題は取り扱わない。

そういった問題を扱うことができる他の人たちがたくさんいる。

質問者　でも、ほとんどすべての人たちが肉体－マインドの側にいます。あなたの言うことにハートを開く人は百万人に一人です。

マハラジ　自分自身について尋ね、他人のことは放っておきなさい。

質問者　私は沈黙に心惹かれるその一方で、何百万人の人たちが苦しんでいるのに、賢者たちは彼らについて何もしないと感じています。

マハラジ　なぜなら、彼らの苦しみが幻想だからだ。

質問者　私は四つの状態、つまり目覚め、夢、熟睡、そしてこれらの三つを超えた状態があることを知っています。私は知的には理解できますが、まだ苦しみがそこにあります。

マハラジ　その四つの状態をすべて取り除き、また人々から苦しみを取り除きなさい。幻想世界はそれ自身に世話をさせなさい。あなたは自分が誰かを発見しなければならない。

質問者　私は自然療法を実践し、それを他の人たちにも教え、自分自身も知恵を学びたいと思っています。

マハラジ　こういった概念を発展させることによって、あなたはそこからまったく出て来なくなることだろう。まず最初に、何が周辺的なことで、何が現実かを理解しなさい。あなたは両親の概念の産物だ。そうではないだろうか？

質問者　はい、概念的レベルではそうです。

マハラジ　マインドとその他の概念は、「私は在る」というあなたの第一の概念のせいだ。あなたの両親とあなたは同時の概念なのだ。さて今、経験しようとしないで、あなたはどんな経験をしているだろうか？

質問者　「私は在る」、です。

マハラジ　それは概念ではないだろうか？　概念から形成された概念があるが、それは概念の広大な世界だ。

質問者　私はそれらから自由になりたいです。

マハラジ　これはその人の自己によって理解されるべきことであって、口で伝えることはできないものだ。誰が自己知識を手に入れているのか？　あなたはいつ存在するようになったのか？　あなたはそれについて他人からではなく、自分自身から直接知らなければならない。

　あなたは存在し、自分が存在していることをあなたは知っている。これは偉大な神であり、突然の爆発的な光輝だ。それに明け渡せば、あなたはすべてを知ることだろう。それは形も名前もない。そこは、確固たる信念によって住まわれるべきところだ。

　もしあなた自身が光でないとすれば、あなたは光の特性を見ても判断できないことだろう。あなたはその微細な知識であり、それがそこにあるときだけ他のあらゆることが可能となる。

一九八〇年一二月三一日

質問者　人があらゆる人の意識と一つになるとき、感情的な消耗があります。なぜなら、人は他の人たちの悲しみとあらゆることを感じるからです。それはあるべき正しい状態でしょうか？

マハラジ　それは一つの準備段階であるが、素晴らしいことだ。まだ分離があるにしても、しだいに完全なる一体へと成熟することだろう。

質問者　私はもはやこの世で何かを目指したいという気持ちがありません。

マハラジ　それは何も悪いことではない。至福とか喜びへの空腹や喉の渇きが絶対的に満たされたので、あなたは物事を追い求めなくなったのだ。

質問者　自分の義務を果たすために、まだ何らかの個人性が残されていますか？

マハラジ　そういった個人性は不満や恐れの類を生み出さない。その個人的な「私」という記憶がまったく何もないので、それは自分自身のエネルギーにもとづいて行動し続ける。これは顕現全体だという記憶はあるが、個人的な行動の記憶はまったくないのだ。

質問者　私は意識と一つだと感じますが、でもそれは揺れ動きます。

マハラジ　あなたは一瞥を得つつあるが、まだ意識に安定していない。意識と一つであるとは、目覚めている状態と睡眠の状態を超えることだ。あなたは空《そら》を知り、空間を知るが、空間と一つになることができるだろうか？　まだそれは可能でない。意識と一つとなるとき、あなたは空間とも一つになる。

質問者　私が成長し、進歩することを助けるために、私に何かできることはありますか？

マハラジ　意識はどんな進歩も経験することはできない。空間でさえどんな進歩もすることができない。そして、空間は三番目のものだ。

一番目は**絶対**であり、二番目は意識、三番目が空間だ。「私は在る」という知識が何もなかったとき、これが一番目だ。のちに、「私は在る」という感覚があり、それが二番目だ。それから空間があり、それが三番目だ。ウパニシャッドの試験に合格したら、それはあなたに真我の知識を与えるだろうか？

質問者　いいえ。でも、それは何かを与えます。

マハラジ　私の場合、あらゆることが自然発生的だ。これが私のダルマ（行動の規範）だ。もし知識のたくさんある人が来て、私のことを愚かだと言うなら、私は「その愚かさこそ、私の豊かさであり、自由なのだ」と言うことだろう。私を襲ったその知識のあること、それ自体が愚かさなのだ。

あなたは非常に心優しい女性であるが、もし誰かがあなたを男性だと思って侮辱するなら、その誤解

質問者に完全に集中する瞬間の非常に力強い表情のマハラジ。

対話中の射貫くように鋭く思慮深いマハラジの目。彼の足元に座りにやって来る多くの者たちを釘付けにし、鼓舞した。

祈りの儀式を始めるために祭壇を準備するマハラジ。彼のグルの写真が飾られている。

世界中の帰依者がこの小さな部屋に集った。中央は本書の編集者ジーン・ダン。彼女は長年の帰依者であり、マハラジの言葉の忠実な記録者だ。

マハラジの最も忠実な通訳で、"Pointers from Nisargadatta Maharaj"の著者ラメッシ・バルセカール（前列左）と、熱心な帰依者でこれらの写真を撮ったゴードン・パターソン（前列右）。

に大変憤慨するだろう。「私はこのような者だ」と何かと一体化することは、自分の本質への侮辱なのだ。

質問者　どうすれば肉体との一体化を防ぐことができますか？

マハラジ　あなたは形のない意識だという信念を強めなさい。あなたは顕現全体であり、宇宙意識であるという確固たる信念を発展させなさい。**真実**や**永遠**という知識を得ることは誰もできない。それは人の永遠の真実の状態であるが、知識があるという状態ではない。あなたは**それ**を知ることができない。「私は在る」という属性の中では、いわゆる知識は無限であり多様だ。

　この肉体の中に「私は在る」という知識がある。肉体が消滅するときのみ、「私は在る」という知識は静まることだろう。あとに残るものが**絶対**なのだ。

一九八一年一月一日

質問者　私がいなくても宇宙は存在しますか？

マハラジ　あなたが意識をもっていなかったとき、世界に関心をもっただろうか？　意識がそこにあるかぎり、世界もそこにあることだろう。

多くの質問と答えに巻き込まれすぎないようにすることだ。瞑想をしなさい。そうすれば知識は知識と一つになり、すべての答えが自然発生的に湧き起こることだろう。私はあなたに手掛かりを与えた。私はどんな恐れも、願望も、野心もない状態だ。

質問者 瞑想によって、私もそういう状態に到達しますか?

マハラジ あなたは瞑想しなければならない。しかし、到達するべきものは何もない。あなたがその状態だ。

質問者 人がこの世の中で非常に活動的であるとき、肉体と非常に簡単に一体化します。

マハラジ あなたが肉体と一体化するのは活動のせいではなく、肉体との一体化ゆえに活動が要求されるのだ。

質問者 活動に巻き込まれていなければ、一体化しないことがより簡単になります。

マハラジ　それは概念にすぎない。あなたの中でどんな変化もありえない。自分の中で何らかの変化があるだろうというのは仮定にすぎない。あなたは肉体と一体化した観点から私に話しているのだ。

あなたは何かを得ようとしている——霊的な何かを。それを忘れなさい。あなたが自分を、つまり肉体を一体化したのは何なのか、ただそれを見なさい。肉体の源泉を発見しなさい。あなたがこれを理解するとき、もはやどんな霊的探求も必要ないことだろう。

質問者　人は仕事をしなければならないので、それを発見する機会がありません。

マハラジ　その二つは無関係だ。戦争の最中でも、あなたはこれを発見することができる。この肉体はどうやって起こり、その源泉とは何なのか？

もしあなたが自分の日常生活のあれやこれを放棄するように求められるとすれば、それは真実ではない。何かを放棄することを忘れなさい。自分の通常の活動すべてに最善を尽くしなさい。しかし、そのすべては意識がそこにあるときしか続かない。ただ、他人を傷つけないことだけを心がけなさい。「するべきこと」と「するべきでないこと」が与えられているのは、世の中の物事がスムーズにいくためだ。

教えられたり読んだりしてきたことは、あなたをどこへも連れて行かないことだろう。まず最初に、「私は在る」をあなたが知るのは何ゆえなのかを発見しなさい。それが意識だ。全宇宙がこの「私は在る」

という概念にもとづいている。それは幻想で想像上のものであり、何の実体もない。

一九八一年一月二日

質問者　私はますます忙しくなるようで、もはや瞑想するための時間があまりとれません。真我実現に至る方法について、マハラジからご指示をいただきたいと思います。

マハラジ　世の中での自分の仕事をやりなさい。しかしあなたの仕事は、あなたがそこにいるときしか起こらない。存在の感覚がそこにあるはずだ。それで充分だ。

質問者　そのことに気づくために、自分自身に絶えずそれを思い出させることは必要ですか？

マハラジ　意識以外の誰が意識に気づくことができるだろうか？　他に何か実体があるだろうか？　意識はそこにあり、それは常に自分自身に気づいている。問題は、意識が肉体と一体化していることだ。ただ、意識と肉体を一体化しないこと、これだけを注意していなさい。

何かをすることや何かをしないことで、意識に変化があるだろうか？　ただこの意識に中において、あらゆることが起こるという事実に気づく以外に、どんなサーダナの必要もない。

相対的にはあなたがその意識であり、意識には形がない。あなたはただ感覚によって意識を感じるだけで、それを**見る**ことはできないが、それを知っている。あなたは自分が存在していることを知っているのだ。

誰が肉体に指示をするのか？　それは意識でしかありえず、他にはどんな実体もない。為されるべきことは何であれ、意識は様々な肉体を通じてそれをおこなう。あなたはその意識であり、意識がそれ自身に対してもっている愛なのだ。

質問者　ということは、これを実現するために人にできることは特に何もなく、また何もしないようにもできないということですね。まさにそれだけ。それがあるがままで、すべてなんですね。

マハラジ　そのとおりだ。ただ理解しなさい。ただ自分の真我でありなさい。

質問者　人は真我に信念をもつべきでしょうか？

マハラジ　いったんあなたが真我であれば、どこに信念の問題があるというのか？　ただ自分の真我でありなさい。そこでは活動が停止している。あなたが真我であるとき、活動は終わったのだ。円は閉じられ、あなたは真我だ。

その真我実現が神であり、真我が神だ。人々が自分自身を肉体と一体化するために、宗教では神が肉体という形態の中で作られると教える。神のイメージもまた肉体という形態の中で作られる。私があなたに教えていることは、あなたは神であり、真我の中に留まることは神々しいということだ。現在、あなたはクリシュナ、キリスト、仏陀、あるいは預言者を一つの神だと理解しているが、人格としての彼らは神ではない。神とは、「私は在る」という意識を意味する。それは形もなく、名前もない。クリシュナ、キリスト、仏陀は意識である自分自身を理解したので、彼らは神々しくなったのだ。人々が理解できるように、神々として彼らは示されているが、神は名づけられることも、肉体の中に制限されることもできない。真我の中に留まり、真我の中に安定すること、それが神だ。私のグルは私を神々しさの中へ運んでくれた。

質問者　人は見かけで苦しみを経験するかもしれませんが、そのときマハラジの言うことが真実でも事実でもない場合もあるのでしょうか？　私の言わんとする意味は、人が気づいていようといまいと常に真我だということです。

マハラジ　今はもう少しレベルが高い。意識はそこにあるが、それは単なる意識ではなく、意識を知っている何かの原理でもある。その原理が意識といっしょになって、そこにあるのだ。

キリストはおよそ二千年前に人として存在していた。それ以前にあなたは存在していたのか、いなかったのか?

質問者　私は存在していたに違いありません。

マハラジ　あなたもキリスト以前に存在していた。あなたはそのことを理解しなければならない。意識を観照するものは、意識がそこになかったことを知っている。

質問者　意識をそのように観照することは、私たちが通常経験するようなものではないということですね?

マハラジ　もし経験がそこにあるなら、それは意識が現れるせいだ。意識がそこになければどんな経験もない。

質問者　でもマハラジは、意識以前に経験できる何かがあると言っています。

マハラジ　それは違う。それは経験されないものだ。その原理は意識を知っている、あるいは観照している。もし意識がそこになければ、観照は止まる。あなたはこれを概念的に知ることはできないが、だからこそあなたは**それ**にならなければならないのだ。

究極の原理がそこにある。意識がキリストやクリシュナという形でやって来たときに人格がそこにあり、彼らは神々として一体化された。なぜなら、彼らは自分の意識の中に安定していたからだ。**究極の原理**によってのみ、意識は現れた。この意識がそこになかったなら、どこにキリストやクリシュナがいただろうか？　彼らはただ**絶対**なのだ。

顕現が起きうる以前に、それ自体を顕現させた何かがあるはずだ。それが**絶対**だ。

質問者　私はマハラジの言うことが真実に違いないと理解しています。しかし、マハラジはどうやってそれを知るのでしょうか？

マハラジ　あなたや世界が存在することを、あなたはどうやって知ったのか？　誰かがあなたに言う必要があったのだろうか？　仮にあなたが地球でたった一人の人間だとしても、それでもそのことを知るだろう。

質問者　私はただそれを知るだけです。

マハラジ　自然発生的にあなたは知る。すべてはそのようなものだ。あなたが個人的実体という観点で知的に考えているかぎり、理解は決してありえない。現実には、真理は小さい欠片のようなもので、あらゆることが意識のその小さな欠片の中に含まれている。

私はキリストや仏陀などが肉体を獲得する以前の立場が何かを知っている。形や意識の内部がどうであれ、それは時間に束縛されている。しかし、私は時間を超えている。

質問者　イエスは、「アブラハム以前に私は存在している」と言っています。アブラハムはユダヤ民族の父でした。

マハラジ　ああ、まさにそれだ！　そのことを私は知っている。

一九八一年一月五日

質問者　個々の肉体は限られた寿命をもっていますが、意識は別の意味で無限です。というのは、肉体の数は無限で、常に変化するからです。これは正しいでしょうか？

マハラジ　そのとおりだ。意識は創造の材料だ。

質問者　分離した個人的実体がないほどに人が完全に意識に没頭しているとき、過去、未来、現在のあらゆることは意識の中に存在し、本当は時間というようなものはないということになりますか？

マハラジ　そのとおりだ。

質問者　存在しているあらゆることは意識であり、ただ意識の中にのみあります。人間の肉体は花とは異なりますが、それらは両方とも意識にすぎないということが真実ではないでしょうか？　違いは外見だけであり、実体はまさにまったく同じではないでしょうか？

マハラジ　あらゆるものはその外見が違っている。同じものはすべてに行き渡っている意識だ。それだけのことを理解するのがそんなに困難だろうか？　人が見るあらゆるものは五大元素からできあがっているのだ。

質問者　顕現していない意識が**絶対**で、顕現した**絶対**が意識だと言うことは、正しいことですか？

マハラジ　知的な曲芸をしても**究極**を理解することはできない。あなたは無限のものを限界のある知性に制限しようとしている。

私はほとんど無学だ。それなのになぜ人々は私に会いに来るのだろうか？　こちらの女性の知的地位は何だろうか？　彼女は博士だ。なぜ彼女はここに来るのだろうか？　あなたを見るとき、私は何を眺めているのだろうか？　その誕生の原理、生まれた点を眺めなさい。あなたはその対象的な物質、その一滴の産物だ。誰かがこの肉体を創造したのだろうか？

質問者　いいえ、違います。それはただその一滴から出て来たのです。

マハラジ　では、なぜあなたはこういったすべての出来事を分類しているのだろうか？　ただ自分の焦点をこの点に置きなさい。あなたが現在何であるにしろ、それはその誕生の一滴の産物だ。それに焦点を合わせれば、あらゆることが明らかになることだろう。もしあなたが一人の実体として、この主題について知的な勉強をしたいと思うなら、私に会いに来てはいけない。ここにはあなたがいるだけだ。その試験管に入りなさい。

なぜあなたは枝や葉っぱと絡み合っているのだろうか？　なぜあなたは種に行かないのだろうか？　種がなければ、木もそこにないことだろう。種がどこから来ているか、発見しなさい。私があなたを繰り返し連れ戻そうとしているところはそこだ。肉体的であれ、その他のことであれ、人が苦しまなければばならないのは何のせいなのだろうか？　それは自己愛、つまり存在する必要から始まる。この意識がすべての苦しみの原因だ。この存在の愛、自己愛、意識の愛は何の性質だろうか？　それは種、精子の性質だ。意識はその中に潜んでいて、それに対して誕生という名前が与えられている。これを理解している者はいるのだろうか？

霊的知識を得たあと、なぜあなたはそれをペンで紙に書いて満足するのだろうか？

人々は私の言うことを聞くだろうが、ほとんど誰もそれを実践しないことだろう。私は自分のグルと長い間付き合ったわけではなかった。私のグルが教えてくれたのは「おまえはこれでない。おまえは**これだ**」だけだ。ただそれだけだ。私は大いなる信念をもってそれを受け入れたので、知識が花開いて結果をもたらした。

食物の本質から「私は在る」の味わいが出る。**絶対**はどんな味も色もデザインもない。あなたはあなたを観照することはできない。あなたではないものだけを、あなたは観照することができるのだ。

一九八一年一月六日

質問者　死後、私は他の人たちが光に到達するのを助けることができますか？

マハラジ　死んだあと、あなたは自分が存在していることを覚えていないことだろう。あなたは死とは何かを知らなければならない。あなたは死後の存在について話しているが、何かの過去世を覚えているのだろうか？

質問者　前回の人生で、私はある島にいて他の人々を助けていました。

マハラジ　あなたはそのときの自分の両親を覚えているのかね？

質問者　いいえ。

マハラジ　あなたがそこで生まれたという証拠は何だろうか？

質問者　わかりません。

マハラジ　こういったことは、ただあなたに起こった想像、幻想、概念にすぎない。もし死ぬときに意識が非常に力強い概念を楽しめば、意識はその特別な概念を創造することができる。死ぬとき、その人が別の場所での人生を想像するとしたら、意識は似たような状況を創造することだろう。しかし、意識の領域は永遠ではない。意識は偽物だ。こういったすべてのことは意識の領域の幻想だ。

質問者　意識は常に顕現するのですね？

マハラジ　一欠片の空間が手に入るときだけ、意識はそこにあることだろう。

質問者　このことを理解するために、隠遁《いんとん》することは役に立ちますか？

マハラジ　そのとおりだ。

質問者　日常生活をやめるということでしょうか？

マハラジ　そういうことではない。あなたは自分の家庭生活をやめる必要はない。

質問者　では、どんな種類の隠遁でしょうか？

マハラジ　こういった大勢の人たちの間にいるときでさえも、単独でいなさい。自分自身の真我の中に留まっていなさい。注意を自分の真我に集中しなさい。

質問者　知的に理解することなく、ただ帰依するだけでは駄目ですか？

マハラジ　もしあなたがそのように帰依すれば、知識がその中から花開くことだろう。人は帰依から神に出会うと言われるのは、それは人格神にではなく、その帰依者自身が知識の中へ、深遠さの中へ花開くということだ。彼が神々しくなるのだ。その神は、その帰依者が自分自身を知るかぎり、そこにいることだろう。そして、その帰依者が何でもないものの中へ静まるとき、神もまた何でもないものの中へ静まるのだ。最終的な分析では、あなたのバランスシートは無であるという結論に到達しなければならない。

肉体の中で消化された食物の本質から、「私は在るという性質」が生まれる。現在のあなたの姿はこの食物という材料の結果だ。もし食物がなければ、あなたはどこにいるのだろうか？　あなたが集めてきたこのすべての奥深い知識についてはどうだろうか？

自分が何かの行為者であるなどと間違って主張しないようにしなさい――すべてはただ起こっているだけだ。もしあなたが存在しなければ、神も含めたこういったすべての修行の必要性がどこにあるというのだろうか？　たとえこのことを完全に確信したとしても、あなたは何でもないものに帰すのだ。それにもかかわらず、あなたは臨終のときに生き延びるための最後の薬の一滴を飲むことだろう。

本当の解放とは、自分が何でもないものだと知ることだ。あなた自身も含めて、あなたのすべての知識は清算される。そのときあなたは解放されるのだ。もしあなたが、自分が何か偉大な行為をしたと考え、それから天国へ行くことを計画しているなら概念に取り憑かれているのであり、解放されていない。この知識はグルに帰依する人向きだ。そういう人だけがこの知識を受け取るにふさわしい。

質問者 私たちは長年こういった話を聞いていますが、決して飽きることがありません。

マハラジ これを繰り返し何度も何度も聞くことには、そういった魅力がある。あなたは言葉を集めて蓄積しているのではなく、言葉の衝撃を得て、それからそれらを手放しているのだ。

一九八一年一月一〇日

質問者 意識はマインドを通じて働くのですか?

マハラジ あらゆることが意識の中で起こる。私はもう昔に自分の独立したアイデンティティを放棄したので、独立した実体という問題はなく、あらゆることがただ意識の中の見かけにすぎない。

どんな布切れも主な要素は糸であるのと同じく、どんな見かけにおいても本質は意識だ。これは深く理解されるべきことだが、肉体との一体化があるかぎり、理解することはできない。一体化があるかぎり、あなたはただこの偽人格の利益だけを考えることだろう。

全宇宙はあなたがこの意識をもっているかぎり、生きている。いったん意識があなたからなくなれば、何もそこにはない。本から学んだことを話す人と、経験から話す人には違いがあることを理解しなさい。

ジニャーニは宇宙意識と一体化しているので、あらゆる物事と場所へ完全に適応できる。ただ観照だけが起こっている。この心身組織はジニャーニにも無知な人のためにも存在するが、肉体と一体化している無知な人は、状況が変化するにつれて幸福だったり不幸だったりする。しかし、ジニャーニはただ観照するだけであり、起こることに個人的な関心はない。

私は何度も何度も繰り返し言っているが、どうかよく聞いてほしい。あなたが生きていると感じるのは何によってかを理解し、その特性と、その味わいを理解しなさい。そうすれば肉体との一体化はなくなることだろう。

このアートマン・プレム（真我の愛）、この存在性はあなたの側のどんな努力もなしに現れたのだ。その特性、その味わいは何だろうか？　それが何なのかをあなたは発見しなければいけない。

この存在性の中にあなたのアイデンティティをしっかりと固定しなさい。それに手足や姿、形を与えないようにしなさい。というのは、いったんあなたがそれに形を与えれば、それを制限したことになるからだ。

宇宙の全顕現の背後にあるこのエネルギーを理解しなさい。

あなたはたくさん質問をし、直感的な経験の中ではなく、本や言葉の中に答えを探す。しかし、これは知識ではない。知識とは、努力なしにそれ自身で意識の中から湧き起こるものだ。

様々な名前がすべての顕現の源泉であるこのエネルギーに与えられてきた。人々はこういった形や名前に祈るが、これらの名前が表している実体としてのその存在性には祈らない。その存在性だけに祈りなさい。

二人の純粋な友人同士にはどんな分離もなく、話さなくても相手の必要性がわかり、相手を気遣い、瞬間的にそれをおこなう。それと同様に、頼みごとのために祈るという態度ではなく、友人が友人を求める態度で、あなたはその実体と深い友情を発展させるべきだ。「私は在る」という知識や感覚の源泉、存在そのものと一つでありなさい。

人々は私が話したこの基本的な事柄以外のあらゆることを考え、話す。彼らは科学的な奇跡に関心をもち、科学を一つの神にしている。彼らはすでに顕現したこれらの形に関心があるが、原初の奇跡であるこの肉体とその生命力には関心をもたない。

私たちはこの奇跡を無視している。もし意識がなければ、どんな神もない。神の存在と本質はともにこの意識の中にあり、それゆえこの肉体の中にある。

どうやってこれらの寺院と教会は出現したのだろうか？　それは肉体の中の意識の霊感によってだ。この意識はブラフマン、神、あらゆるものの種であり、物事は意識がそこにあるときだけ起こり、実現する。そして、肉体の中にこの意識はあるのだ。

私が言うことの何一つ、この世の中においてはあなたに利益を与えないだろうし、私はただあなたが何であるかについてだけ語っている。もしあなたがお金では買えないような種類の平和を求めているなら、それは確固たる信念をもって意識の中に自分を安定させることによって可能となる。信念ということで私が言わんとするのは、決して疑うことなく、確固として、断固として揺らぐことのない状態だ。自分の存在性の中にそういった種類の信念をもちなさい。それ以外のことは何も考えず、それ以外のことには祈らないようにしなさい。アートマン・プレム、それゆえにあらゆることが存在する。

死と呼ばれる瞬間に何が起こるのだろうか？　それが意味することはただ、意識の欠片が放棄されるということだ。この欠片は時間として受け入れられている概念に明け渡されているので、あなたは嫌々それを時間に手渡している。ジニャーニはそれを自分の本質に明け渡している。

このアートマン・プレム、この存在を私たちは非常に長年守ってきたが、さて、それを誰に明け渡すのだろうか？　無知な人であれば時間の概念に明け渡し、無知なバクティ（帰依者）であれば神の概念に、そしてジニャーニであれば自分の本質に明け渡す。

あなたが一人のアイデンティティとして何であれ獲得したと思ったものは、努力や意図で獲得したのだろうか？　実際あなたが本当に得たものが何かあるのだろうか？　ないはずだ。この肉体、この意識は自然発生的に起こったものであり、それゆえ睡眠もそれが来たいときに来る。目覚めと睡眠でさえあなたがコントロールできることではない。あなたのものとは何だろうか？　真我のこの知識を自分自身の努力で得られる人がいるだろうか？

この偽実体は、活動や行為をしているのは自分だと考える。私は今、意識としてあなたに話しかけている。あなた方の一人でも誰か、その知識、あなたであるその存在性の印を私に示すことのできる人がいるだろうか？

質問者　意識は何度も何度も繰り返し意識に感謝しています。

マハラジ　何も言うことができないことについて、私は言ったのだ。その一滴を受け入れ、味わい、飲み込みなさい。

これから言うことを聞きなさい。神は他のどこかではなく、ただ人間のハートの中だけに存在することができる。あなたは自分を肉体と一体化しているので、自分自身を制限している。しかし、それにもかかわらず覚えていて欲しいことは、この肉体を無視してはいけないということだ。これは神の家なのだから、その世話をしなさい。この肉体においてのみ、神は実現されうる。

神やあなたの肉体、あなたの真我が分離しているというのは分析的な理解のためだけであり、実際は一つの真我であり、お互いは密接に関連している。

一九八一年一月一九日

マハラジ　存在のこの感覚は、あなたに関するかぎり最も受け入れられるものではないだろうか？　あなたはそれを一番愛しているのではないだろうか？

あなたはなぜここに座っているのだろうか？　あなたはここに自分自身のために座っている。なぜなら、あなたは自分自身のために何かが欲しいからだ。あなたとは何なのか？　その中に入りなさい。あなたは自分が存在していることに何の疑いももっていないが、何があなたにずっと存続していたいと思わせるのだろうか？

無限の時間が来ては去って行った。この時間の中で無数の形が創造されては破壊されてきた。今、彼らは存在の感覚をもっているだろうか？　彼らは自分自身について心配しているだろうか？　この存在感がなければ、あなたは何をすることもできず、またそれを継続するためにできることも何一つないのだ。

質問者　なぜそれは継続することを愛するのでしょうか？

マハラジ　それはそういう性質だからだ。意識と愛は同じものだ。自分自身に尋ねてみなさい。あなたが欲しがっているものは何なのかと。あなたは何を追い求めているのかと。あなたは自分自身を一個の実体と考え、何かを欲しがっている。もし意識がそこになければ、あなたに必要なものが何かあるだろうか？

あなたが聞いていることは、あなたの期待とはまったく異なるものだ。

質問者　私は自分自身を意識と一体化するべきでしょうか？

マハラジ　意識である以外に、この「あなた」とは何だろうか？　それらは二つだろうか？　この世界で何かができる実体というものはないのだ。霊的探求ができる実体もない。もし実体がなければ、どんな束縛もなく、どんな解放もない。ただこれだけを理解しなさい。何もするべきことはない。私が何を言っているにしろ、聞いたものは投げ捨てなさい。肉体を獲得してこの存在感を得る前、あなたは何をしたというのだろうか？　私にそれを教えて欲しい。この存在感、「私は在る」という知識のあとで、あなたはあるテレビ映像を見せられた。「これがあなたの家族であり、これがあなたの両親だ」。あなたはこういったことを個人的に経験しているのだろうか？

創造されては破壊されるだろうものを理解し、そして何事にも苦しむことのないあなたとは何かを理解しなさい。

私は意識とその意識の中に起こることは何であれ、巨大な詐欺にすぎないという結論に至った。この詐欺を犯している人は誰もいない。それは自然発生的な出来事だ。この詐欺の犯人は誰もいない。

意識の欠片が泥と土の神を創造し、それは受け入れられ、私たちが祈るものは何でも与えてくれた。

この詐欺を理解したうえで、それについては何もできることはなく、起こりうることはただ理解が起こるためだということを理解しなさい。

この肉体とその味わい、それが理解だ。この肉体は食物の本質からなるが、意識はその食物の本質の特性ではないだろうか？　次のことは人が心に留めておくべき非常に単純な質問だ。私は自分自身の存在についてどんな権威やコントロールをもっているのだろうか？　そうすると、人は個人の努力で何ができるのだろうか？

全顕現は不妊の女性の子供であることを理解しなさい。しかし、それを理解したうえで自分の仕事に完全な注意を払い、その仕事をできるだけ能率的におこないなさい。あなたがこの世の中でやっているその仕事の面倒をよくみなさい。なぜなら、それは孤児だからだ。

一九八一年一月二〇日

マハラジ　絶対とは……それがどんなものかを言えば、インドの中であなたが一度も行ったことがない場所があるというようなものだ。仮にその描写が与えられても、それはまだあなたにとって描写にすぎないことだろう。存在性である宇宙意識は見られるものすべてだ。宇宙意識がそれ自体を現象として顕現するとき、その現象は限られた形であり、自分を独立した存在だと考えるが、実はそうではない。

現象とは意識の顕現であり、それが顕現していないときはあらゆるものの中に内在している。もしあなたが自分は理解したと思うなら、それは間違いだ。あなたが知るどんなことも真理ではない。

肉体は五大元素からできていて、それぞれの肉体は五大元素の組み合わせの割合に応じて行動する。そのため、人が五大元素の本質と一体化している間は、理解することは不可能だ。なぜなら、理解しようとしている者は偽実体だからだ。理解に対する最大の障害は、私は一個の実体であるという概念であり、二番目は私がもつすべての概念は真理だという概念なのだ。

どんな実体も存在せず、起こっていることは、単に意識の機能のプログラムにすぎず、それを起こしている実体も苦しんでいる実体もないことが最大の信念をもって理解されるとき、そのとき初めて一体化の解除が起こる。それ以外はあらゆる種類の間違った概念が起こる。

自分は理解したと思う人の謎を解くまで、あなたは理解していないのだ。

あなたは鼻クソと自分自身を一体化するだろうか？　この肉体が作られた材料も、それと何か違いがあるだろうか？

私はこの肉体が創造された材料でもなければ、その材料の中に内在する意識でもない。

一九八一年一月二七日

マハラジ　あなたはどこから来て、誰がここへ導いたのかね？

質問者　私はタイの僧院で勉強していて、そこの僧院長がマハラジの教えの本を読むように提案してくれました。私がインドに行こうと決心したとき、マハラジに会ったことがある友人たちがここを教えてくれました。

マハラジ　あなたは何か質問があるかね？

質問者　マハラジが推薦する修行方法とは何かを説明していただけないでしょうか？

マハラジ　従うべきどんな修行も規律もない。ただ私の言うことを聞いて、確固たる信念をもって受け入れなさい。

質問者　瞑想の重要性についてはどうでしょうか？

マハラジ　すべての人がもっている唯一のものは自分が存在しているという信念、つまり意識的な存在だけだ。瞑想はただその存在の感覚に対してであり、他にはない。

質問者　瞑想の間、人はただ座って自分の存在について考えます。

マハラジ　個人的にではなく、言葉にできない存在感で座るのだ。あなたがここに座っていることを知っているものについて瞑想しなさい。自分の肉体がここにあるという感覚は肉体との一体化だが、この肉体がここに座っていることを知っているものは**絶対**の表現なのだ。

質問者　このことはマインドを通じて知られるのでしょうか？

マハラジ　マインドは物質の特性だ。あなたは物質ではなく、物質を理解するものなのだ。この存在感が、理解する必要のあるどんなことでも説明してくれることだろう。あなたの努力はそれを説明してくれないが、あなたがこの存在感と一つになるなら、それが説明してくれることだろう。

質問者　私がするすべての活動において、私はこの存在感を一日中発展させるべきですか？

マハラジ　あなたがこれに集中する必要はない。それはいつもそこにある。あなたがすることは何であれ、その本質は肉体－マインドだ。肉体－マインドにその仕事をさせなさい。しかし、その仕事をやっているのはあなたではないことを理解しなさい。あなたは存在の感覚だ。

あなたが肉体的なあるいは知的などんな努力をしようとも、それは本質的に肉体－マインドの努力だ。あなたがするべきことは何もない。自分は肉体とマインドから完全に離れているというあなたの信念があれば、何が起こるにしろ、それは自然に起こる。

質問者 それは簡単に聞こえますが、でもとてもむずかしいに違いありません。

マハラジ 簡単とかむずかしいとか考えることなく、あなたはその存在の感覚であり、肉体－マインドではないというこの一つの信念にしがみつきなさい。あなたであるものは何の形も色もない。

質問者 肉体と思考がなくなったあとでも、その存在感は続きますか？

マハラジ 肉体が去るときその存在感もなくなり、意識はもはやそれ自体を意識しなくなることだろう。

質問者 肉体が去るときには、あらゆるものが去るのですか？

マハラジ そのとおりだ。幸福や不幸の経験も去り、一切の経験が無用となる。

質問者　継続するものは何もないのですか？　何も？

マハラジ　あなたは概念的なレベルで考えている。そのレベルで知りたがっているのは誰か？　その状態を忘れなさい。

質問者　私は**それ**を理解したいのです。

マハラジ　理解されたり、認識されたりすることは何であれ、永遠の真理ではありえない。未知なるものが真理だ。

私にはどんな経験も不要だ。それゆえ、誰ともケンカをする必要もない。肉体とマインドが自然に続く間、それらは好きなことを何でもやり続けることだろう。

質問者　あることより別のことをやるほうがいい場合もありますか？　たとえば、このマインドと肉体をもって、私はただ座って何もしないでいることもできるでしょう。あるいは、外を歩きまわって人々を助けるといった善行をすることもできます。どちらをやったほうがいいのでしょうか？

マハラジ　肉体とマインドは何であれ、その組み合わせにとって自然なことをやるだろう。

質問者　人は物事をコントロールできます。たとえば、食べすぎたり、飲みすぎたりすることもあります。あるいは、善行をして人々を助けることなどもできます。

マハラジ　肉体とマインドに関しては、「やるべき」ことと「やるべきでない」ことがあるが、あなたはそれらではない。あなたは肉体とマインドではないことが前提であり、あなたはその前提から始まったのだ。肉体がないとき、意識はそれ自体を意識していないことを理解しなさい。肉体がそこにあるかぎり、それはその自然の機能をおこなわなければならない。

質問者　ということは、それが自然なことをするように、私が許すのですか？

マハラジ　それが起こることをあなたが許すという問題ではなく、それは起こるのであり、あなたはそれに対して何のコントロールもできない。

質問者　でも、私がコントロールできることもあります。たとえば、ここに来るかどうかをコントロールできます。

マハラジ　それは誤解だ。何であれ、起こることは自然に起こるのだ。このすべては意識のショー、あるいは表現であり、その特性は変化だ。それは意識的な存在のダンスであり、意識にはそれ自体を楽しませる非常に多くの異なる形態、技量、能力が機能している。しかし、その機能は単に自分自身を楽しませるためのものだ。それは疲れると眠って休み、目覚めると活動や行為などの何らかの娯楽を必要とする。

それらはみな意識の中の見かけだ。それぞれは自分自身の寿命に従って続くが、基本的には正当なことも重要なことも何も起きてはいない。目覚め、つまり理解が起こるまで、あなたは自分を行為者だと考えるが、いったんこの理解が起これば、働いているどんな実体もないことをあなたは知る。

質問者　私は悪いことをするより、よいことをするほうがいいだろうと考えているだけなのです。

マハラジ　あなたが言うよいことと悪いことはどういう意味だろうか?　ある状況下ではよいことが、別の状況のもとでは悪いことにもなりうる。あなたがよいと考えている物事さえ、その肉体が続くかぎりにおいてのみよいことでありうるにすぎない。まれな人だけが何もするべきことがないと理解することだろう。その人はすでに**それ**だ。

質問者　マハラジは私たちを助けてくださっていますが、それは意図的な状態ですか?

マハラジ　それは全機能の一部だ。起こっていることはある種の夢の状態であり、何が起こっても夢の一部だ。私から霊的な、あるいは世俗的な何が起こっても、それらはマインドによる修正で増殖することはない。なぜなら、どんな行為も宇宙的で霊的だからだ。霊性は**未知なるもの**に安定しているゆえに、完璧だ。

しばしば肉体的苦痛を観照することが私に起こる。なぜなら、快楽と苦痛を登録する肉体と意識という道具がまだそこにあるからだ。私の健康状態ゆえに苦痛の登録は増える。少し前、私はその苦痛を観照していたが、あなた方がここに来たらなくなってしまった。人は意識の中に安定すると、ただ喜びだけでいっぱいになる。私はその意識に安定して喜びでいっぱいだったのだが、突然病気が現れたために苦痛がやって来たのだ。あなたが意識の中に安定して、どんな肉体的不調もないかぎり、どんな苦痛も経験しないことだろう。それが意識それ自体の特質だ。

あなたは意識以前に存在している。その状態ではどんな快楽も苦痛もない。

肉体や意識と付き合うことは、ちょうど次のようなものだ。あなたは独身で自由で幸福な人生を送っている。それから妻というものと関わると、その結果として快楽と苦痛が生じる。ちょうどそんなようなものだ。

質問者　どうしたら私はその状態を獲得できますか？

マハラジ　それは常に行き渡っているが、知ることを超えている。その状態は説明することができないもので、「**それは在る**」という言葉でさえその状態にはほど遠く、単なる示唆《しさ》にすぎない。

一九八一年二月一日

質問者　マハラジは「意識が私の中に起こるときだけ、世界は存在する」と言います。それは私の意識が存在する限りは、世界が存在するという意味ですか？

マハラジ　この存在感がそこにあるときだけ、世界は存在する。存在感は意識の中にある。それは私の意識でもあなたの意識でもなく、宇宙意識だ。宇宙の全顕現はこの存在感、いわゆる一般的な存在の感覚に依存している。この存在感が消えるとき、あなたの宇宙はどこにあるのだろうか？

目覚め、睡眠、「私は在るという性質」の三つの状態以外では、私は何の経験ももっていない。また私はその三つの状態を放棄することもできない。私はそれらの重荷を背負わされていて、それを取り除くことができないのだ。それらは知らないうちにやって来た。それら三つを欲しいのかどうかを誰も私に訊ねてはくれなかった。

私はあなた方の誰一人、私と異なるとは思っていないが、同時に私に関する限りは全存在をぬぐい去ってしまったのでどんな個人性もなく、私から出る言葉にどんな束縛もない。個人性を放棄すると、自分はジニャーニだとかサニヤシン（求道者・出家者）だとか、何か別のものであるといった見せかけもなくなる。見せかけには、「私は誰某《だれそれ》なので、あれこれを言ってはいけない」という制限がある。すべてのことは幻想であり、単なる娯楽だ。

何か常なるものがあるのかどうか、あなた自身の経験から考えてみなさい。あなた自身のイメージさえ常に変化している。

私自身の経験では、この世界では実際は何も起きてはいない。求める人、求めること、求められるもの、これらの三つとも真実ではない。何も起こってはいない。世界の中で進行しているあらゆることは詐欺だ。あなたはいつ理解や平和へ到達するのだろうか？　あなたがこの事実と霊的真理を理解したときのみ、平和は舞い降りるのだ。

質問者　究極の真理とは何でしょうか？

マハラジ　あなただよ。あなたは好きなだけ不満をいだき、怒ることができるが、それらが私を乱すことはない。私の状態は不変だ。

質問者　瞑想における私の経験は真理ですか？

マハラジ　すべての経験は時間の中にあり、時間に束縛されている。しかし、真理は時間に束縛されていない。

一九八一年二月二日

質問者　どうすれば私は永遠のグルへ明け渡すことができますか？

マハラジ　この世界には永遠のものは何もないということを、あなたは聞いたことがないのだろうか？この一時的状態が去ったあとや来る前の私とは何なのか？　それが探求そのものだ。

百年間の時を刻み続けるように作られた時計をあなたがもっているとしよう。その百年の終わりに時計は止まる。時計はその目的に奉仕したのだ。肉体の時計が止まるときも同じことだ。その肉体は意識の目的に奉仕したのだ。

質問者　完全なる明け渡しは二つの何かが融合することであり、一つがもう一つに明け渡すということを意味します。

マハラジ　意識のこの一時的状態の間はあらゆることが正しい。その物語の筋書きが何であれ、それは正しい。しかし、物語は虚構だ。

私があなたに語っていることは絶対的に開かれている。それは公然の秘密だ。私があなたに隠していることは何もない。理解するようにしなさい。それは単に理解の問題なのだ。

質問者　グルの恩寵は常にそこにあります。

マハラジ　グルは個人ではない。あなたは形の観点で考えているのだ。意識はすべてに行き渡っている。恩寵を求めているこの「あなた」とは何かを発見しなさい。肉体の中で「私は在る」がカチカチと音を立てている。これがグルだ。あなたは「私は在る」の原理を礼拝し、そのグルに明け渡しなさい。そうすれば、そのグルがあなたにすべての恩寵を与えてくれることだろう。

意識の中においては、相互関連している片割れがなければ、何も存在することはできない。あなたが知識と言う瞬間、知識はただ無知の中でしか存在することができない。それゆえ、人がグルについてもっているこの知識もまた無知なのだ。では、いつこの知識がグルになるのだろうか？　それはその知識と無知がともにヴィジニャーナ（純粋な知性の原理）の中へ消えるときだ。ジニャーナは知識で、アジニャーナは無知だが、両方ともヴィジニャーナの中へ消える。

質問者　私は肉体―マインドを眺める過程の中に囚われています。

マハラジ　夢は意識の中に対象や物質、顕現として現れるが、それはあなたではない。それは対象的、物質的な何か別のものだ。あなたが「私は在る」や誕生と呼ぶものはあなたではなく、それは材料だ。仮に私が養子にしたイスラムの少年がいるとしよう。私はその少年の父親ではないが、今では彼を「私の」息子だと主張する。そのように、この「私は在るという性質」は直接的には私ではなく、何か別のもの、何か物質的なもの、何かイスラム的なものであり、私はそれではないのだ。**絶対**である私はそれとはまったく何の関係もない。

人々が時々混乱するのは、自分の概念にもとづいた答を期待しているからだ。誰かにスプーンをもってきてくれと頼んだのに、彼は針をもってきた。ともに言葉であり、ともに知識であるが、それはあなたが欲しがっているものではない。たとえあなたの求めているものが真実の知識でないとしても、受け取るものは真実の知識だ。

質問者　理解できるように、私はそのレベルに到達しなければなりません。

マハラジ　無数の穀物の粒が様々な形をしていても、種はただ一つだけだ。様々な形になるのは種の個体性による。しかし、私はそのような種ではない。

究極の知識はどんな知識ももっていない。この「私は在る」という知識は、この肉体の結果として自然発生的に現れてきた。それをあるがままに見て、あるがままに理解しなさい。

目覚めた状態が去ると眠りが始まり、睡眠が去るときに目覚めた状態が始まる。両方が去るとき、私は家にいる。なぜそれらは私を去ったのだろうか？　なぜなら、それらのすべては異質なもので、私ではなかったからだ。

次のアドバイスを受け入れなさい。霊的知識のビジネスに巻き込まれないほうがいい。楽しい時間を過ごし、よき人生を生き、他の人の役に立ちなさい。そのうち時が熟せば、あなたは死ぬことだろう。

質問者　すでに、何百万の人たちがあなたのアドバイスに従っています。

一九八一年二月三日

マハラジ　私が詳細に説明している知識は、人格としてのあなたのアイデンティティを消滅させ、あなたを顕現した知識へと変革することだろう。意識である顕現した知識は、自由で条件づけられていないのだ。その知識を捉えることも放棄することもできないのは、あなたが空間よりも微妙なその知識だからだ。

あなたが顕現であるというこの知識は、瞑想を通じて開かれなければならない。あなたは言葉を聞いてそれを得ることはできない。

この意識は他のどんな経験以前にもあるものではないだろうか？　そして、この意識がその上に起こった何かがあるのではないだろうか？　目覚めた状態、熟睡、存在感、これらの経験以前に存在していた**それ**以外に、誰がこれらを経験できるのだろうか？

今あなた方に話しかけているそれは、私の原初の状態に一時的にやって来た状態で、時間に束縛されている。それゆえ、あなたと私に恐れの感覚はない。この変化する状態が肉体と一体化したとき初めて、恐れがあるのだ。

死の恐れとは、すべての機能が分離した実体として肉体のアイデンティティを受け入れた罰金だ。死を恐れるのは誕生だけだ。存在と不在は相互関連している二元性であり、これは存在感が起こったあとで初めて理解された。それ以前は不在の感覚も存在の感覚もなかったのだ。

質問者　もし私たちがただ知的に理解しただけで、まだ本当には理解していないとしたらどうなるのでしょうか？

マハラジ　たとえ知的理解だけだとしても、その大きな利点は死の恐れに束縛されないだろうということだ。誕生はあなたに何も与えてくれなかったので、死はあなたから何も奪うことはできない。

世間的にはこのひどい病気をもっているにもかかわらず、私はまったく以前と同様に話し続けている。それは私には何の影響も与えていない。誕生したものだけが消滅するのであれば、どうして私が影響を受けることがあるだろうか？

あなたは私の話を聞くことができて幸運だ。だから、聞きなさい。しかし、理解しようと努力しないことだ。なぜなら、あなたの知力だけがそれを理解しようとするが、知力はそれに到達しないからだ。あなたが聞いたことはそれ自体の結果をもつだろうから、それを妨害しないようにしなさい。

たとえあなたがある種の恐れの感情などをもつとしても、それらは肉体とマインドを構成する化学的なものにすぎないことを理解しなさい。あなたはその一時的状態と何の関係もない。

霊性という名のもとに、多くの人が最高の知識を得ようと様々な苦行をおこなっている。その知識はどこから、何から来るのだろうか？　彼らは何を得ようとしているのだろうか？

この知識はある――私が在るかぎり。

一九八一年二月一七日

マハラジ　私はグルでも弟子でもない。すべては五大元素の遊びだ。肉体は単に生物的な発達、植物の成長にすぎないのに、私たちはそれに誇りをいだいて「私は誰々だ」と主張する。しかし、これはただ自然な成長であり、植物のようなものなのだ。

質問者　その経験者は永遠ですか？

マハラジ　もし経験者が永遠だったなら、これは何か、あれは何かと探求したり、質問したりなどしなかっただろう。もし彼が永遠だったなら、すでにこの物質世界のすべての知識をもっていたことだろう。

質問者　どうしたら私たちは自分の道を見つけることができますか？

マハラジ　真我を悟りたいという衝動が非常に強烈なら、あなたの衝動と意識が正しいコースへ導いてくれることだろう。

質問者　時々私が何かを理解したとき、何かが起きます。緊張したり、頭や首が震え始めたりするのです。ときには頭の中で雑音が続きます。私にはそれが理解できません。それを無視するべきでしょうか？　それとも何をしたらいいのでしょうか？

マハラジ　ただ無視しなさい。しかし、それらはよい兆候だ。

質問者　肉体的病気も時々あります。

マハラジ　それは病気ではなく、五大元素の肉体の表現だ。

質問者　人はナマ・マントラを通じて覚醒することができますか？

マハラジ　非常にたくさんの賢者たちが、ナマ・マントラを通じて最高の状態の中へ成長した。あなたが何を暗誦するにしろ、マインド以前のあなたと融合するべきだ。

質問者　グルがパワーとエネルギーを与えてくれると話す人々もいます。

マハラジ　それも可能だ。私はただ自分の真我だけに没頭した。

質問者　トランス（忘我状態）、ヴィジョン、サマーディ、マハラジはこういったすべてのことを経験されましたか？

マハラジ　色々な経験があったが、私はこういった経験を何も受け取らなかった。

質問者　なぜある人々は経験し、他の人たちは経験しないのでしょうか？

マハラジ　それは一人ひとりの探求者のデザインが異なるからだ。その探求者の特質で経験に出会うのだ。非常にたくさんの真我実現した賢者たちが存在してきたが、一人ひとりの経験が異なるのは特質が違うからだ。ラーマとクリシュナの経験は異なっていた。どんな賢者であれ、経験は捨てるものだ。彼は経験と付き合ったりしない。彼はそれに執着もしなければ、再び引き起こそうともしない。

一九八一年二月一八日

質問者　一個の実体としての肉体との一体化があります。どんな段階のどんな人でも、何かをすることで一体化を防げたのでしょうか？

マハラジ　この存在性がそれ自身を一つの形と結びつけることは自然なことだ。どうやって想像された一個の実体が、それ自身を分離することができるというのだろうか？

質問者　ということは、分離したいというこの気持ちもまた自然なことで、自然の一部でしょうか？

マハラジ　そのとおりだ。すべてが自然の機能の一部であり、ショーの一部だ。全部が概念であり、できることはただ理解することだけだ。

この見かけの矛盾を見なさい。私自身の形態は苦しんでいる。そのことが知られると、ますますたくさんの人がここへ来るようになり、ますますたくさんの人が恩恵を受け取っている。これらの恩恵は自動的に自然に起こる。私はあなたが受け取っている恩恵のために働いているわけではない。

私がする話、そしてあなたが聞くことは全機能の一部だ。あなたはこれを一人の個人が別の個人の話を聞いていると思っているが、そうではない。あなたが聞いているのは宇宙意識だ。この知識は霊的赤ん坊である人間には伝えられない。人間は個人的に利益を集めようとするからだ。一体化が放棄されるとき、この話を聞くだけの受容性が創造されることだろう。あなたは巨大な水タンクから小さなコップに水を満たして「これが私だ」と言っているのだ。

人が達成した地位や業績が何であれ、それは名前と形がある間しか残らない。いったんそれらがなくなれば、自分が何かを達成したと思う実体はどこにいるのだろうか？　もしこのことが深く理解されたなら、この世の中の何があなたを煩わせるというのだろうか？

私が話していることは、意識であるこの原初の概念についてであり、それ以前には何もなかった。この原初の概念の中に何があっても、意識がそこにあるときだけしか残らない。そのとき私たちは自分の原初の特性に戻っている。意識がそれ自体をあなたにさらけ出し、あなたの本質を見せるとき、あなたには何の形もない。形がなければ、イメージがありうるだろうか？

全顕現は幻想であり、その本質は無常なのだ。

一九八一年二月二二日

質問者　私たちは日中何をするべきですか？　自分の本質を発見し、マインドの平和を得るためにはどういう行為や思考をもつべきですか？

マハラジ　どんな思考や行為も、肉体－マインドとの一体化にもとづいている。それゆえ、自分の本質を見るためには、現象的中心とのこの一体化を捨てなければならない。これはどんな意志によっても不可能だが、どんな特別な努力もなく起こるものだ。何かを**おこなう**という問題がないのは、何かをする誰もいないからだ。

マインドはただ何かの名前と形、イメージにしか働きかけることができない。もしあなたがこれを放棄すれば、マインドは無力になることだろう。私があなたの本質について言っていることはあまりに単純なので、マインドはそれを理解できない。

あるがままが常にずっとあったのだ。概念化を放棄すれば、**あるがまま**が残る。人々はただ顕現だけを見て、止まってしまう。顕現の**背後**に行って、顕現と非顕現は二つではなく、一つであることを誰が見るだろうか？

顕現は光として、非顕現は暗闇として見られるが、その両方を認識する**それ**、つまり**あるがまま**からすれば同じものなのだ。

一体化を捨てたものにとっては、そのことはとても単純だ。言葉は何かを指し示すことができるだけだ。**あるがまま**の**それ**は私のようでもあなたのようでもなく、それは自分が何であるかに気づいてさえいない。意識がそれ自身を意識するとき、何かの知識がありうる。それはどんな知識より以前にある。それはとても単純だ。非常に学識があると思われている人々がここへ来るが、私は彼らをどう見るだろうか？　私は彼らを完全なる無知の中にいると見る。

質問者　なぜ暗闇への恐れがあるのでしょうか？

マハラジ　あなたの質問は完全に不適切だ。源泉がなければ光も暗闇も認識されえないのだから、その源泉へ行きなさい。私が主体に行くように言ったときに、対象について話すことが何の役に立つのか？

質問者　私は自分自身のことをあるときはよいと考えたり、あるときは悪いと考えたりします。

マハラジ　肉体への一体化があるからこそ、そういうことが起こる。それを捨てなさい。私は今後、それがどういう状態なのかだけを話すので、しっかり認識しなさい。私には対話をするだけの肉体的エネルギーがない。あなたが聞くことは何であれ、無駄にはできないし、無駄にはならないことだろう。

一九八一年二月二三日

マハラジ　もしあなたが問題の核心を本当に理解したなら、どんな質問も起こりえない。質問はただ実体にのみ起こる。その質問とはたいてい、「私は何をすることができるだろうか?」というものだ。しかし、「私」そのものが存在しないとき、誰が何を知りたがるというのだろうか?　あらゆる顕現は意識によって認識され、知られる意識の中の見かけだ。ただ機能し認識する顕現があるだけなのだ。

質問者　私のマインドはとても騒がしいので、意識が意識の中に留まることができません。

マハラジ　あなたは私の言うことを注意深く聞いていない。私の言葉はあなたに届いていない。意識は常にそこにあり、起こることは何であれ意識の中にあるので、意識を意識の中に残しておきなさいと私は言ったのだ。

それなのに、なぜあなたは自分自身を分離した実体だと考えて、それに干渉しようとするのだろうか？　**存在するすべては意識だ。**

質問者　苦しみの意味についてお尋ねしてもいいですか？

マハラジ　今、あなたは新しい概念を展開している。つまり、苦しみの背後には何か意味深く奥深い何かがあるという概念だ。この概念そのものがあなたを窒息死させることだろう。あなたから出た概念が何であれ、どうしてそれらがあなたに知識を与えることができるだろうか？　あなたはすべての概念を取り除かなければならない。あなたがまさに基盤であり、土台であり、そこから概念が起こる。あなたは概念ではなく、概念以前に存在している。あなたはそのことを確固とした信念にしなければならない。

質問者　私は概念を抑圧するべきでしょうか？

マハラジ　それらを放っておき、概念が起こっては消えて行くのを眺めなさい。概念から離れて、それらと一体化しないようにしなさい。

質問者　私はそれをするだけの能力がありません。

マハラジ　もしあなたがいなければ、どこに概念があるというのだろうか？　もしあなたがそこにいなければ、どこに無知とか知識の問題があるのだろうか？「私は在る」という第一の概念が、肉体のアイデンティティとしてしがみついているので、すべての問題が起こるのだ。自分は概念ではないという結論に到達しなさい。

一九八一年二月二八日

マハラジ　肉体が形成されたとき、あなたはどんな情報ももって来なかった。あなたは外部の情報を集め、それにもとづいて得意になり、様々な取引をおこなう。あなたは本当に最初から情報をもって来たのだろうか？

質問者　いいえ、私はどんな情報ももっていませんでした。

マハラジ　もしあなたが情報をもっていなかったなら、今このすべての情報を買う取引先は誰なのだろうか？　あなたは自分が存在しているという第一の情報をもっているが、それはあなたの中で自然に生まれた。それがあなたの第一の資本であり、これ以後のすべての悪ふざけはこの第一の情報のせいだ。

そうではないかね？

質問者　はい、それが真実です。

マハラジ　自分自身の存在をもつこと、在ること、それが何なのかをあなたは理解しているのだろうか？

質問者　私は明確には理解していません。

マハラジ　それは言葉によって理解されるものではない。あなたがどんな知識を言葉から引き出そうとも、それは無知でしかない。**在る**とは**理解される**べきものではなく、**あるがまま**だ。

質問者　それはまさに感覚ですね。

マハラジ　誰がその意識を知るのか？

質問者　意識がそれ自身を知ります。

マハラジ　意識が意識を理解するという方法では、あなたは解放されないことだろう。あなたは自分に尋ねなければならない。「誰がこの存在を知るのか？」と。もし私がある特定の時点で、自分が存在することを知るなら、その時点以前には、私は自分が存在していることを知らなかったという意味だ。**自分**の存在に気づいていなかった**それ**が、意識がやって来たとき、**自分の**存在に気づくようになった。そして、この意識は物理的肉体の特性でしかない。それは物質でできているので、一時的なものだ。

質問者　**絶対**の中には何の知識もないわけですか？

マハラジ　すべての知識は五感と言葉の理解によるものでしかない。仮に三つのもの、すなわち目覚めた状態、熟睡、そして「私は在る」という知識がないとしたら、あなたは何だろうか？

質問者　まさに知識、意識ですか？

マハラジ　この知識、意識はあなたと継続的に永遠に付き合うのだろうか？

質問者　いいえ。

マハラジ　だったら、それを放棄しなさい。なぜあなたは自分が永遠に付き合うことができないものに頼るのだろうか？

すべての私たちの聖典は、ただパラブラフマンだけが真理であり、それ以外の何も真理ではないと言っている。そして、あなたは永遠に**それ**だ。

質問者　なぜ私は**それ**から自分自身を分離したのでしょうか？

マハラジ　**それ**しかないのに、あなたはどうやって**それ**から分離できるというのかね？

質問者　ジニャーネシュワル（一三世紀のインドの賢者）が千四百歳のいにしえの賢人に書いた詩のある行に、「知識のヴィジョンがますます弱くなります」とあります。これはどういう意味ですか？

マハラジ　意識のヴィジョンもまた究極的な分析の中で消えてなくなることだろう。なぜなら、知識と無知は意識の領域にあるからだ。

質問者　私はあなたの言葉の一言も手放したくありません。

マハラジ　あなたはいったいいつまで言葉とその意味にしがみつくのだろうか？　いつまで？

質問者　それらは、「私は在る」があるかぎり、役に立ちます。

マハラジ　この「私は在る」もまた概念ではないだろうか？　そして、あなたはまたこの概念にもしがみつきたいと思っている。しかし、この「私は在るという性質」は永遠にあなたと付き合うわけではない。それが去るとき、「私は在るという性質」に関するあらゆることも去るのだ。これが物事の実状なのに、知識を得たり吸収することが何の役に立つだろうか？

言葉は正確には適用できない。私は自分が何でないかを正確に見てきた。「私は在る」が不在のとき、その状態とは何かを私は見てきて、今も見ている。それゆえ、私は何も失うものがない。その状態では、見るとか経験することは何ら問題にならない。しかし、コミュニケーションのためには、私たちは言葉の力を借りなければならない。

ここに奥深い知恵に満ちた著名な人たちがいる。しかし、私は彼らをどう見るだろうか？　彼らはさながら私のようだ。こちらは法律の専門家でサンスクリットの学者でもあるが、様々な努力でパラブラフマンを自分の言葉の中に捉えようとしている。彼はそれが非常に得意だが、さてその利益は何だろうか？

質問者　私の状態は概念ではないと理解すること、それ自体が利益です。

マハラジ　あなたは「私は在る」の概念の上に立って、別の概念でそれに色を塗ろうとしている。

質問者　これは弁護士が被告席へ引きずり込まれる、ある種の法廷ということですね。

一九八一年三月一日

質問者　あらゆる人がもっているこの「私は在るという性質」は意識と同じものですか？

マハラジ　この意識と「私は在るという性質」以外、「私は在る」と主張できる何がそこにいるというのだろうか？

この「私」はそれぞれのレベルで異なってはいないことを理解しなさい。**絶対**としての「私」は、顕現するときに形を必要とする。その同じ**絶対**の「私」が顕現した「私」となり、その顕現した「私」の中では、それはあらゆるものの源泉である意識だ。顕現した状態では、それは意識のある**絶対**ということになるのだ。

あなたは自分自身を意識だと考えているつもりかもしれないが、しかしあなたは通常、一個の実体として何かを欲しがっている。たとえそれが霊的知識であってもだ。肉体は一つの道具にすぎず、それによって意識は自分自身を顕現する。肉体はどんな分離した自立的アイデンティティももってはいない。あなたがとても愛しているこの肉体は時間に束縛され、物質的な肉体に依存しているこの意識もまた時間に束縛されている。

生命－呼吸があなたの肉体を活動させ続ける活性要素であり、意識は受動的要素だ。生命－呼吸はある一定の寿命後に肉体を離れ、死んだ物質を残す。意識もまた肉体を去り、宇宙意識と融合する。これが通常の過程だ。この中で、あなたが自分自身だと思っているものは何だろうか？　これは単なる機能であり、どんな分離した実体もない。実際、私たちの本当のアイデンティティはあらゆる人に知られていて、それについては疑いがない。しかし、一個の実体としての肉体と一体化するゆえに、私たちに明確に知られていることが忘れられている。

私の話を聞くことは、あなたに一時的平和と喜びの感覚を与えるかもしれないが、あなたが自分自身を霊的救済を望む一個の実体であると思うかぎり、すべては無駄話だ。

今、聞くということが起こっているが、それから恩恵を得ることができる実体は何もない。結局のところ誕生とは何だろうか？　誕生とはただ、目覚めた状態、熟睡、そしてセックスであり、仮にセックスが取り除かれたら、どんな関心もなくなることだろう。セックスはあなたのお腹を満たすことはできず、食べ物を提供することもできないが、それは必要なことだ。全顕現が夢または幻という特質だと理解することは容易だが、あなたは自分以外の世界は幻だと解釈していながら、その現象を見る人を手放そうとはしない。見る人もまた幻の一部なのだ。

一九八一年三月六日

マハラジ　もし何か質問があるなら、私はそれらに答えよう。この特別な状況の今の瞬間は非常に特殊なものだ。もし質問がなければ、ただ座っていればいい。この特別な時間にただここに座っていることは大いなる恩恵となることだろう。この瞬間は……幸運な兆候で、それは最も驚くべき結果を生み出すことだろう……この瞬間自体でさえ……信じられないほどの……。この「私は在るという性質」の感触は、ただの針の一刺しという感触にすぎない。

もしあなたが私の言ったことを理解したなら、二度と私を訪問する必要はない。私が話したことは、驚嘆や熟考に時間をかけるべき何かではない。それは即座に理解されるべきことなのだ。

あなたは今までに静寂の中で、このように知識を詳細に説明する方法をどこか他の場所で得たことがあるだろうか？

質問者　ラマナ・アシュラムで。あそこでもみな沈黙していました。

マハラジ　あなたはどれだけラマナといっしょにいたのかね？

質問者　ほんの短い期間です。どういうわけで私は今、マハラジを発見するという幸運に巡り合えたのでしょうか？

マハラジ　あなたが過去世でおこなった何かよいことのおかげだ。もしあなたが宿題をやっていなかったら、この場所を訪問することはなかったことだろう。幸運でまれな者たちだけがこの場所を訪れ、話を聞く。

質問者　私はいつもと異なる暖かさを経験したり、光を見たりして怖いです。

マハラジ　どんな経験についても心配しないようにし、ただ経験者の中に落ち着きなさい。その経験はあなたの成長をよく示している。しかし、経験のレベルで停滞してはいけない。

質問者　ふだん私は自分があれだとかこれだとか感じますが、しかし今、これを失いつつあります。私は前のように囚われることもなく、世の中に関心もありません。こういった概念を脱ぎ捨てる経験の中で、私は死と恐れの感覚を感じます。

マハラジ　それは、そのように続くものだ。あなたが存在するかぎり、そういったことは起こるものだ。あなたは「私は在る」を超越しなければならない。敏感になって、その瞬間に自分の注意を集中していれば、「私は在る」は連続する一つの瞬間であり、あなたは「私は在る」を超越する。

一九八一年三月八日

質問者　私たちは意識を通じて自分の本質を理解することができますか？　私たちはそれを把握できるのでしょうか？

マハラジ　あなたが自分の本質を理解するために、それ以外の道具があるだろうか？　何があるにしろ、すべてによって認識されることができ、すべてによって認識**されている**。誰がそれを理解したいと思っているのか？　分離した実体としてのあなたが、**絶対**である**それ**を知りたいと思っている。しかし、それはできないことだ。なぜなら、あなたがその**絶対**だからだ。

サマーディに到達した者はどこへ行くというのだろうか？　探求者自身が消えてしまったのだ。

質問者　もし探求者が一つの概念であるとしたら、グルもまた一つの概念ですね。

マハラジ　そのとおりだ。しかし、そのグルはすべての探求を支援している。言葉があるかぎり、探求者がいる。言葉が消えるとき、何もない。

私は四種類すべての発話を経験し、それらを超越した。この四つの階層に従って、意識に落ち着き、そして意識を超える者はほとんどいないことだろう。まずバイクハラ（言葉）から始まって、私たちは言葉を聞く。バイクハラからマドフヤマ（マインド－思考）に行く。マインドを眺めているとき、私たちはパシャヤンティの中にいて、そこでは概念が起こる。そこからパラ（言葉のない「私は在る」）へ行き、最後にパラから意識以前に行く。これが従うべき道筋だが、本当にまれな者しかそれに従わない――退却し、反転することだ。

質問者　熟睡と「私は在る」以前の状態はまったく同じでしょうか？

マハラジ　あなたが**それ**になるまでは、概念としては同じだ。しかし、あなたがそれになれば、知るべき者は誰もいない。それだけでなく、あなたや私を通じた行為であれ、どんな行為も元々は熟睡状態の中で起こっているのだ。眠っているとき、あなたは夢を見る。目覚めた状態が第一の夢で、眠っている状態の夢が第二の夢だが、それは第一の夢が変化したものだ。それらは意識の状態であり、第一の夢の中で全宇宙が創造されるが、それを夢だと理解できるなら、あなたは目覚めている。両方の夢が意識なのだ。

質問者　ということは、俳優は自分が夢を見ていることを知ることができないのですね？

マハラジ　それがまさにマーヤーの美しさであり、すべての核心だ。どんな夢であれ、その根本は意識であることを理解しなさい。

一九八一年三月九日

マハラジ　人がもっている実体の感覚はマインドが生み出したものであり、意識自体が消えるとき、その実体の感覚に何が起こるだろうか？　自分が死んだと知っている者が誰かいるだろうか？「彼は死んだ」と言うのは、他の人たちだけだ。

もし意識とマインドが究極の真理なら、創造され破壊されてきたすべての無数の形態は、自分たちの存在の知識をもっていることだろう。

あなたはこの国でこの人生で何かを獲得するが、規則ではそれらを国外に持ち出すことはできない。何を獲得しても意識のおかげだが、この国の法律では何も持ち出すことはできない。いったん意識が消えたら、あらゆるものがなくなる。

人間はどのように世界の中で行動しているのだろうか？　彼は本当は何が機能しているかを忘れてい

る。彼は形が意識の機能のための道具にすぎないことを忘れている。彼は自分自身を一個の実体だと思い、何かを達成しようと一生懸命に努力しながら全人生を生きている。このすべての動機は自分と自分のものという感覚だ。あらゆる形態は絶えず創造されては破壊されるが、それも機能の一部なのだ。

質問者　もし一個の実体によって達成されるべきものが何もないとしたら、こういった霊的探求の目的は何ですか?

マハラジ　理解されるべきことは、機能しているすべてが意識だということだ。どんな実体も関わっていない。

質問者　それでは、理解は何の役に立つのでしょうか?

マハラジ　想定されている実体にとってはどんな恩恵もない。理解することには、たった一つの恩恵を得る感覚さえあるべきではない。あなたがその理解なのだから、誰がその恩恵を得るというのか? これを理解するものは、どんな姿も形もない。

形態は五大元素から創造され、その寿命の終わりに、それらは破壊される。あなたが数百年生きるとしても、あなたにとって何の恩恵もないことだろう。

私は明らかにこれらすべてを理解し、それにもかかわらず、自分の新しい住居を建てるだけの充分な蓄えも作ることができた。矛盾のように見えることを理解しなさい。しかし、このすべてを全機能の一部と見るかぎり何の矛盾もない。このことは、普通の人には何か道理にかなうことに見えるだろうか？

質問者　どのように様々な罠を分離し、それを避けることができるのかを説明してくださいますか？

マハラジ　だったら、あなたは大きな人たちの体を五大元素に少しずつ切り刻むがいい。そうすれば、その分離を得ることだろう。それはただ一つだ。意識それ自身が罠なのだ。

質問したいことはすべて忘れて、他のあらゆるものを存在させる、この意識の源泉にのみ集中しなさい。この肉体と、その内部に潜んでいる意識はどのようにやって来たのだろうか？　その源泉を見つけなさい。

質問者　マハラジは私たちを根源へと連れ戻してくださいました。

マハラジ　私はあなたを根源へ放り投げ、埋葬してしまった。その状態では何も知られるべきことがないのは、そこに意識は存在しないからだ。いったんこのことが明確に認識されたら、肉体があるかぎり続く人生が、単なる娯楽の連続として現れる。

私がどの観点から話しているかをあなたは理解すべきだ。もしあなたが理解したならそれを受け入れるが、そうでなければそこから離れることだろう。世界中であなたにこれほど遠慮なく語る者はいないだろう。もし本当に私の言わんとすることを直感的に理解するなら、あなたは霊性の終わりに到達することだろう。

一九八一年三月一〇日

質問者　なぜ一体化は常に変化するように見えるのでしょうか？

マハラジ　個人との一体化は意識の中で変化し続けるが、いったんアイデンティティが失われれば、全顕現に留まることが可能となる。

質問者　意識がここにある間、私が**絶対**に到達することは可能でしょうか？

マハラジ　**絶対**の状態では意識する人は誰もいないのだから、意識が存在しているかぎりはその状態に到達することはありえない。

質問者　しかし、私はマハラジがそう言ったと思うのですが……

マハラジ　**絶対**の状態とは、知識が知識の中に吸収されている状態であり、知識はそれ自体に気づいていない。そこには道具がなければならず、意識がその道具だ。意識の中では、意識がそれ自体を意識するが、しかし意識が起こる前の状態では誰がそこにいて、どんな道具でもって意識することができるのだろうか?

何によっても汚されていないその状態の中では、どんな条件づけもない。空間を例にとろう。空間には暗闇と光があるが、光があろうと暗闇があろうと、空間はそこにある。同様に、意識以前の状態は常にそこにある。まさに今それはそこにある。それはあらゆるものの土台だ。ジニャーニとは肉体とマインドがあるにもかかわらず、その空間の状態に留まっているものだ。

質問者　そのための修行とは何ですか?　瞑想だけでしょうか?

マハラジ　あなたは瞑想に頼るだけでなく、自分には形もデザインもないという確信をもたなければならない。自分は形がなく、自由で、条件づけられていないことを常に主張しなさい。あなたは絶えずこれを叩き込むべきであり、それが修行だ。

質問者　私は以前よりも長い時間、肉体－マインドから自分を切り離していますが、肉体が行動するのを見、自分がその外側にいると感じるとき、何が起きているのかを理解できません。

マハラジ　それの何が問題だろうか？　あなたは強固な信念をもたねばならず、その信念とは修行を意味し、そして「私は在る」ということだけではなく、「私は在る」からも自由なことを意味する。

あなたは言葉に頼るまでもなく自分が存在することを知っている。ただそれで在りなさい。何かを考えたり想像したりしてはいけない。何かがあると思い浮かぶ前に、あなたが**いなければ**ならない。瞑想するためには、あなたがいなければならない。あなたが朝、最初に目覚めるとき、その瞬間に熟睡から目覚めの状態が現れ、自分がただ**在る**ことを知る。あとから私はこれである、あれであるなどと考えるのだ。

質問者　瞑想において、私は音を聞き、ヴィジョンを見ます。

マハラジ　何かを聞くためには、あなたがそこにいなければならない。その状態は大変に神々しい状態だが、真我であるほうがより重要だ。

質問者　常に恐れがあります。

マハラジ　その恐れは無知ゆえにある。それは外部の音ではなく、あなたの意識の顕現だ。真我の輝きがあるときだけ、神々しい光がそこにある。神を見るためには、あなたがそこにいなければならない。知るものを知るようになることは困難だ。それは町を知るようなものではなく、個人的なことではなく、顕現なのだ。

　あなたが顕現したその意識状態であるとき、それは次のようなものだ……深い濃紺の状態。あなたはその均質で、深い濃紺の状態にいる。それが存在性の最初の段階だ。自ら輝くその深い濃紺の均質状態から知識のない状態へ行く。それがあなたの本性だ。それは知識がなく、全体で完全で完璧な状態なのだ。知識のある状態ではすべては不完全であり、決して完全になることはない。だから、あなたはもっともっと欲しがるのだ。豊かであるにもかかわらず、知識のある状態は不完全なのだ。

質問者　死ぬとき、どんな影響がありますか?

マハラジ　その影響とは、人が死んでいなくなったと知る人たちに対するものだ。死んでいなくなった人に対しては、何の影響もない。彼は自分が死んでいなくなってしまったことを知らない。肉体は食物からできているが、本当のあなたはこの肉体の中にはいない。

　多くのことが言われうるが、あなたは私の言うことを受け取れないことだろう。仮に私が、もしあなたがいなければブラフマンもいないと言ったところで、それを理解するだろうか?

あなたは肉体と一体化しているために、あまりにも死に取り憑かれている。死について考えているので、死はあなたにとって確実なものだ。しかし、もしあなたが真我ならば、死という問題は何もない。

一九八一年三月一一日

質問者　マハラジの講話の本を読んで、私は大きな自由と喜びを感じております。私は生きた言葉を経験していると思います。

マハラジ　それを経験していたものは何なのか？　それは存在の感覚だった。

質問者　私は非常にたくさんの本を読みましたが、これは新しい啓示であり、新しい経験でした。なぜ私は他の本から同じ経験を得ないのでしょうか？

マハラジ　私はあなたのお世辞を何も受け取らない。あなたの質問は肉体－マインドのレベルからのものであり、同じレベルでの答えを受け取ることだろう。あなたは肉体と一体化した馬に乗っている。

質問者　なぜ他の本ではなく、あなたの本を読むことから、そういった経験を私が得たのかを知りたいのです。

マハラジ　私はあなたの経験には興味がない。私の関心はあなただけだ。話し手と聞き手は一つだ。ここに来るたいていの他の者たちは、非常においしい夕食後と似た状態だと言えるだろう。彼らはお腹が満たされ、今は牛のように噛みタバコを噛んでいる。彼らはもうそれ以上食べ物に興味がない。だから何も疑問がないのだ。もしあなたのような誰かが質問するために来ないなら、疑問は何もないことだろう。あなたは知識を求めてやって来たが、あなたがその知識だ。

質問者　ダクシナムルティ（ヒンドゥー教のシバ神の一つ）は自分の弟子たちに沈黙で教えました。

マハラジ　ダクシナムルティを絞首刑にしなさい！　それはうわさであり、あなたが読んだか聞いたかしたことだ。あなたの経験とは何なのか？　私はここにいて、あなたもここにいる。だから、質問しなさい。

質問者　ある者たちは若くして死に、ある者たちは長生きしますが、どうしてでしょうか？

マハラジ　意識や自己がなければ、誕生とか死があるだろうか？　私たちが彼らは若くして死んだとか、長生きしていると言うとき、生まれた者について真我はどんな道理を知っているのだろうか？　太陽は自分がいつ沈んでいつ昇るのかを知っているのだろうか？　まず最初に、生まれるものは何かを理解しなさい。そうすれば、その謎が解かれることだろう。

質問者　肉体は生まれますが、真我は生まれません。

マハラジ　もし真我がなければ、肉体が生まれることができるのだろうか？　あなたは「誕生」という言葉で、何を理解しているのだろうか？　あなたは生まれているのだろうか？

質問者　私たちが肉体と一体化しているかぎり、生まれています。

マハラジ　私はただ意識に向かって意識について話しているだけだ。普通の人は理解しないことだろう。

質問者　理解する方法は何ですか？　何をすればいいのでしょうか？　一番早い方法は何ですか？

マハラジ　その本質を理解し、その中にいることだ。この存在の感覚以外にはどんな神もおらず、私がその存在の感覚だ。このことを信念をもって理解することが一番早い方法だ。それ以外の何もないときの原初の状態を理解しなさい。それが本当の知識であり、私の本質だ。たくさんのアヴァターが来ては去ったが、その空間はいつも同じだ。

質問者　人はどうやって根本的な無知を克服できますか？

マハラジ　無知のようなものがあると理解するものは、何だろうか？

質問者　知識が理解します。

マハラジ　あなたがその知識であることを理解し、無知については忘れなさい。美しい音楽を聞くとき、あるいは踊り子が踊っているときでも、もしこういったことに心動かされないとしたら、その人はジニャーニか馬鹿だ。どんなに美しいものにも心動かされない人々がこの部屋にもいっぱいいる。私もその状態にいて、存在という概念も不在という概念も完全に欠けている。あなたもまたその状態にいるのだが、それを知らない。私の意識は今あまりうまく働かないので、誰かを個人や人として認識できない。もしあなたが座っていたければ、歓迎する。出て行きたくなったら、いつでも行ってよろしい。

一九八一年三月一四日

質問者　マハラジの恩寵のおかげで、今、私の目は見ることができ、私の耳は聞くことができます。

マハラジ　目が見るもの、耳が聞くものはただ偽物にすぎない。両方とも消えてしまうことだろう。あなたは観照している**それ**だ。

普通のヒンドゥー教の人間が霊性として理解し、実践していることは、川の水を容器に入れて運び、神の彫像に水をかけるというものだ。これらの彫像の中には、人がそれに到達するまでに五百段の階段を上らなければならないものもある。これは大きな恩恵をもたらすと考えられている。彼らはベナレスのガンジス川から真鍮《しんちゅう》の容器に水を汲む。それから、その水を南インドのラメシワラまではるばると歩いて運び、その彫像に水をかける。それから、海水をラメシワラからベナレスまでまた運び、そこの彫像の頭に水をかける。これが彼らの解放の概念だ。一つの場所から水をくんで、別の場所へ運ぶ。何と苦労の多い概念であることだろうか！

質問者　マハラジの足元で私たちが聞くことは常に新しいことです。

マハラジ　私が話していることは決して新しくも古くもなりえないものだ。それは不変で永遠だ。

この意識の中で概念が起こるが、それ自体が概念であり、意識が残るかぎりは他のすべての概念も起こり続けることだろう。

非顕現である**絶対**は**あるがまま**だ。**絶対**の状態について何を考えようと、意識が終わり、私たちがその**絶対**の状態になるまで、それは概念でしかありえない。

人は何かを達成しそれを守るが、いつまで守ることができるだろうか？　あなたが熟睡するまでだ。あなたは好きな概念をもち、それに一日中しがみついているが、熟睡しているときどこにその概念があるのだろうか？

質問者　もしマハラジが個人性を受け入れていないなら、どうやってマハラジは私たちに話すのですか？

マハラジ　太陽は個人のために輝くわけではない。言葉が意識から自然発生的に全機能の一部として出て来るのだ。無数の経験がある中であなたは一部の経験を好み、それらを記憶の中に保管し、思い出にひたる。しかし、それ自体が苦しみだ。あなたのすべての経験は、ただ自然発生的に起こっている全機能の一部としてあるべきだ。

一九八一年三月一五日

マハラジ　私はこれ以上人を集めて、知識を詳しく説明するのは気がすすまない。なぜなら、私は自分自身を何か明白なものとしてあなたに伝えることができないからだ。クリシュナムルティは話しているし、私も話しているが、その中には何の中身もない。あなたはこの話を録音し、それを書き留めているが、最終的な分析をすれば、その中には何の中身もない。

これはただ顕現した意識の全機能にすぎず、どんな個人的実体もないことがいったん理解されれば、解放とか死とか誕生といった問題、あるいは個人的行為者が何かをするというどんな問題もなくなることだろう。

通常、霊性という名で知識が詳細に説明されている。知識は五大元素の領域にあり、「私は在る」という知識がそこにあるかぎり、それは現実としてあるいは非現実として語られる。それは「私は在る」という知識の産物だ。

ジニャーニとは、そこから「私は在る」という知識の観照が起こる状態だ。そのジニャーニの状態では、「私は在るという性質」の感触がまったくない（特質のない状態）。そして、それは知識ではなく、知識とは「私は在るという性質」を意味する。仮に思考がなく時間が止まっても、空間はそこにあることだろう。思考がない状態とは空間のような何か、言わば空間状のものだ。私は思考のない状態があることを観照する観照者であり、それは真我、「私は在る」、存在だ。その存在がそこにあり、思考も含めてすべての汚染を排除したので、時間もまた去って、空間と存在性だけがそこにある。その状態の終わるときが**絶対**の状態であり、何か甘いような状態だ。あなたはただ言葉やその意味と戯れているだけであり、その言葉が出て来る根源には行かない。誰も根源へは行かずに、展示品に魅了されている。肉体―マインドの支えがなくなるとき、あなたはどうなるのだろうか?

私は苦しみと楽しみを超えた状態にいる。知識が実現しても帰依はまだ続くが、実際には人格は残ってはいないと言われる。だから、帰依という問題はない。誰への帰依だろうか? しかしながら、帰依がそこにあると人々は言う。それは他の探求者を導くためのものかもしれない。

一九八一年三月一六日

マハラジ　最高の聖人でさえ「私は在る」の明晰性に対して常に何らかの疑いがあり、「私は何か」という探求は、ありとあらゆるレベルの中に入らなければならない。この探求の重要性と意義は、あなた自身以外の誰もその答えを与えられないということだ。それぞれが「私」として、この「私」が何なのかを発見しなければならない。意識を最も単純に描写するなら、空間と同じくらい純粋で、微妙といったところだ。成熟すれば、あなたの意識は神だ。

意識が起こる前の原初の状態を描写することはできず、人はただ**それである**ことができるだけだ。

人が聞くことは何であれ、究極的には何の意味もないと私は繰り返し言い続けている。なぜなら、私が何であれ、それはまさにあなたそのものだからだ。

人がおこなうどんな行為も、自分自身にいだくあるイメージに依存している。そして、そのイメージは意識がそこにあるかぎり残るものだ。このことは明確に理解されただろうか？

人々はここにある種の概念の束をもってやって来る。私が彼らの前に鏡を差し出すと、現象としての彼らは何なのかを映し出す。そして最終的には現象としての彼らは何でもなく、さらに意識が去るときには原初の状態、つまり肉体が付随した意識が起こる前の状態に到達することを彼らは理解する。その原初の状態では何の経験もなかった。今でさえ、人が自分の経験だと考えるすべてが概念にすぎない。

意識が起こる以前の状態では、「私は誰か？」というような問いは皆無だ。なぜなら、その答えを知りたい者は誰もいなかったからだ。この質問は意識の中でのみ起こり、意識の中のどんなことであれ、それは概念にすぎず、それゆえ間違っているはずだ。

無数の人たちの中から、なぜほんの少数の者だけがここに来るのだろうか？　人々をここへ連れて来ているのは、意識がこの問いを意識の中にもつときであることは明らかだ。

質問者　この「私は在る」は一つの概念でしょうか？　それとも唯一の現実でしょうか？

マハラジ　「私は在る」はわずかな文字にすぎない。今までに誰かこの「私は在る」を、常に自分のポケットに保管できた人がいただろうか？

質問者　私は在る、それは言葉を超えた状態ということですね？

マハラジ　そのとおりだ。もし誰であれ、この「私は在る」を感じる者が知識をもっていたなら、彼はこの「私は在る」になりたいと思うだろうか？　いや、「私はこの意識を望みません」と言うだろう。

質問者　わかりました。

マハラジ　あなたは非現実だ。あなたは自分が存在していることを知っている。これもまた非現実だ。この存在の感覚は一つの嘘であり、それは一つの夢のようなものだ。

質問者　どうして、この「私は在るという性質」がみじめさの源泉となりうるのでしょうか？

マハラジ　幸福や不幸という概念がいつ起こるのかを発見してみなさい。それは、意識をもつまではなかったのだ。

あらゆる人が存在する感覚を愛していて、それがずっと続くことを望んでいる。しかし、彼らは過去を調べて、誰のエクスタシーがこの存在の感覚を生み出したのかを発見しない。ほんの瞬間しか続かない肉体的エクスタシーにより、その中に宇宙のすべてを含む意識の欠片が存在するようになったのだ。

質問者　私は「私は在るという性質」のみじめさを感じません。私はあらゆることが正しいと感じています。ということは、私がみじめさを見たくないという意味でしょうか？

マハラジ　あなたはそれについてはどうすることもできない。あなたはあるがままを楽しむしかない。そうではないだろうか？　苦しむか楽しむか、あなたには選択権がない。それにもかかわらず、経験はそこにあることだろう。あなたは経験に巻き込まれないかもしれないが、「私は在る」がそこにあるかぎり、経験はそこにあることだろう。この意識の魔法、技術は、それがみじめさの源泉だという事実をおおい隠したばかりでなく、それ自体をあらゆる見かけの幸福の源泉にしたのだ。

一九八一年三月一七日

質問者　マハラジにとってリンガ・デハは何を意味していますか？

マハラジ　それは種であり、化学物質であり、五大元素の本質の産物であり、「私は在る」という意識を生み、支えるものだ。木の種には木の将来の兆候と表現のすべてが潜在的に含まれているように、それらがその種から芽生えることだろう。万年筆を取り出してインクを紙の上に一滴たらすと、その一滴がリンガ・デハだ。その一滴が妊娠の瞬間だ。その表現は空間のように思考のない状態であり、知識があることとの状態だ。それが知識のあることとの特質であり、空間のようなものでどんな概念でもないが、その表現は物理的で触ることができる。それはまさに極小だと想像しなさい。しかし、その表現は無限の顕現なのだ。

外国人は理解するが、インド人はこの話を聞いても、いまだに肉体に関連している物事すべてに執着している。

リンガ・デハのレベルで自分のグルに礼拝するとき、あなたはグルの非常に多様な表現だ。そういったレベルでは、非常に多くの物事を経験するだろうが、そのすべてはグルに対するあなたの愛と帰依から、ただあなたからのみ生まれたものだ。最終的には、あなたが進化するにつれてこういったすべての表現があなたと融合する。これは非常に重要なことだ。これは帰依、つまりサグナ・バクティの完成だ。

そのリンガ・デハ、その小さな一滴、そして「私は在る」という知識は同じものだ。私たちが見るものはその意識の欠片の中に現れる顕現世界だ。甘味が砂糖の特質であるように、この意識の欠片はリンガ・デハの一滴の特質だ。リンガ・デハの源泉である両親は、妊娠が準備されるための単なる口実のようなものだ。あなたの本当の状態は肉体と意識が起こる以前にそこにあったし、今もそこにあり、肉体と意識が去ったあとも、そこにあることだろう。私が言っていることに異議を唱える者が誰かいるかもしれないが。

私はあなたが何なのか、あなたが誰なのか、どんな疑いももったことがない。なぜなら、私は自分の本当の状態、つまり私は何かを理解しており、あなたが何かも知っているからだ。

人々の中には、こういった啓蒙を広める者も現れるだろうが、それは外国人であってインド人ではない。そして後世になって人々は質問するのだ。「このように知識を詳しく説明した人が本当にいたのだろうか?」

一九八一年三月一八日

マハラジ　グルとバクタ（帰依者）の間には何の分離もない。**あるがままのそれ**の中にはどんな分離もないし、どんな分離があったことも決してなかった。バクタという言葉は帰依を意味するが、しかし実際は、いっしょであることを示し、ただ一つであり、融合なのだ。

質問者　帰依の炎が私の道を照らしてくれます。

マハラジ　その炎について誰が話すのか？　私たちが話すときには人について話しているのではなく、このダイナミックな、「私は在る」の顕現の炎について話しているのだ。

質問者　それは消滅しないものですね。

マハラジ　誰がそれを言うのか？

質問者　私はそれを信じています。

マハラジ　それがあなたの信念であるという理由で、それは正しいのか？

質問者　私には証明できません。

マハラジ　あなたは急ぎすぎだ。誰が証明について話をするのか？　信念があれば何を礼拝し、何に帰依しようとも、あなたはそれを得ることだろう。

あなたの霊性の問題は、一個の実体だけに有益なイーシュワラについての知識を聞いているということだ。あなたはただそういう知識だけを集めている。一人の人間として、一個の実体として、これはあなたの感情や情動の一時的な局面だ。誰も自分の人格やアイデンティティを永遠に保存することはできない。その指導原理は人ではない。今では、私は霊性についてどんなテーマも詳しく説明しない。そういった話さえしないにもかかわらず、なぜあなたをここへ連れて来るだけの魅力があるのだろうか？　おかげで厄介事が増えている。この取引では厄介事以外に、私が得るものは何もない。

あなたは人格の要素を知っているのだろうか？　それを完全に知るまで、あなたがそれを超えることはないだろう。

質問者　私の願望や必要なものについてはどうでしょうか？

マハラジ　あなたに必要なものは、あなたの真我だ。

質問者　私の願望と生の材料との間には何か関係がありますか？

マハラジ　たくさんの関係がある。五大元素の相互関係と活動によって、この食物からなる肉体を利用できるのだ。その香りと味の中に「私は在る」の知識がある。では、あなたがこの食物からなる肉体の中にいることを示すのは何なのかを発見しなさい。

質問者　断食は真我を発見するのに役立ちますか？

マハラジ　まったくそうではない。その「私は在るという性質」はまさに食物の表現だ。たとえば、甘さが砂糖の特質だが、あなたが甘いものを欲しいときに砂糖を拒否するなら、それを手に入れることはできないということだ。

質問者　ということは、それを味わうためには、私は常に自分の外側に食べ物を探しに行かなければなりません。

マハラジ　あなたは自分の内側から食べ物を得ることができるだろうか？　その供給は外側からだ。

質問者　この存在感は肉体に依存しないということが霊性の本質だと、私はずっと信じさせられてきました。ところが今、あなたはその逆のことを話されています！

マハラジ　だから、この謎そのものを理解しなさい。世界はどこに存在しているのか？　それはこの意識の欠片の中に存在していて、この意識は食物がなければ存在できないのだ。

あなたがどんな人生を生きているにしろ、ただ概念を楽しんでいるだけだ。個人というようなものがあるのかどうかを発見しなさい。それについて考えなさい。
もし経験する娯楽が心地よく喜ばしいものなら、あなたはそれを幸福と呼び、もしそうでなければ不幸と呼ぶ。
あなたが存在するという感覚、つまり存在感はなぜ生じるようになったのか？ そのことを考えてみなさい。

質問者 私が存在するから、あらゆることが起こっているのです。

マハラジ あなたはその理解を持続できるだろうか？

質問者 ほんの一瞬です。それからまた一体化が戻ってきます。

マハラジ 私が存在するゆえにあらゆることが起こるという理解の定着には、長い時間がかかる。さて、あなたはあとどれくらいインドにいるのかね？

質問者 あと数日だけです。

マハラジ　いったん「私は在る」に安定すれば、あなたがどこにいようと重要ではない。それは空間のようなものであり、来ることも去ることもない。ちょうどあなたが建物の壁を破壊したとき、空間だけが残るようなものだ。

一九八一年三月二〇日

マハラジ　私の人格、個人性は風に飛ばされてしまった。それはもうここにはない。あなたが訪れているのは、ただドゥッカ・バガバン、「悲しみの神」にすぎない。バガバンとはこの顕現であるが、それは悲しみばかりだ。それは思考や活動に巻き込まれない。それはまさに顕現だ。私は全機能であり、この瞬間、この機能のすべてには確かな意義があるが、それは私が在るということだ。

今では苦しみであるこの意識の助けを借りて、やっと私は話している。こういった種類の経験は非常にまれな者にしか起こらない。質問しないで、ただ聞きなさい。

この意識、この顕現、この機能はどんな姿も形も色もない。

質問者　ドゥッカ・バガバンについて、もっと説明していただけませんか？

マハラジ　ドゥッカとは苦痛、苦悩を意味する。バガバンとは神を意味するだけではなく、「私は在るという性質」の現れとしての爆発、閃光……爆発的な閃光……世界認識を暗示している。

花火が爆発すると、すさまじい音、閃光、そして周辺が明るく輝く。同様に「私は在る」が爆発して存在すると認識可能な全宇宙が呼び出されるが、「私は在るという性質」である意識が不適切さや不完全さを生み出すために悲しみやみじめさなどが始まり、そして肉体－マインドの感覚に落ち着いてしまう。完全から不完全へ、非存在から存在へ。だから、方向を反転しなさい。肉体－マインドから存在へ、そして**絶対**へ。そうすると、意識の状態は神々しい状態だ。

質問者　なぜこの世の中には、これほどの苦痛と不幸があるのでしょうか？

マハラジ　なぜなら、あなたが常に幸福を追求するからだ。幸福と不幸は相互関連している。もしあなたが不幸を感じることがなければ、どうやって幸福を認識するというのだろうか？

一九八一年三月二三日

マハラジ　私は見られているものの不在を代表する**それ**だ。私が言うことを、自分は一人の人間であるという概念の中に収容しようとしても、それはできることではない。私が話したことのすべてを聞いているにもかかわらず、あなた方のほとんどが自分自身を一個の肉体と一体化し続け、私のことも一人の個人だと見なすだろうが、しかし私はそれではない。私の本当の存在はあなたが見ている現象の不在だ。

私の睡眠はあなたのものとは違って、純粋な意識だ。私が眠るとき、全顕現とまた**非顕現**の気づきがある。個人と全宇宙との間に何の区別もない。

あなたは私を病気だと思っているが、それはあなたが私をこの肉体と一体化するからだ。私はこの病気を驚くべき状態だと見なしているが、肉体という形態の中に個人性が残っているかぎりは、まれな者にやって来る運命だ。しかしこのことの重要性を描写するのは不可能だ。その状態は苦しみに満ちているにもかかわらず意義に満ちていて、まれな者にやって来るのだ。

人が何であるかという質問は、顕現の中で他の現象との比較においてのみやって来る。私の状態においては何の現象もなく、私の存在はあらゆる顕現の以前にある。私は何かとか、誰かという疑問はない。

質問者　以前に話された、どんな現象もない状態について繰り返していただけませんか?

マハラジ　いったん言ったことは、なくなってしまうものだ。正しい聞き方とは、あなた自身のアイデンティティを啓示する言葉に集中し、それ以外のすべてを忘れるということだ。言葉以前の状態である自分自身のアイデンティティに到達しなさい。言葉は**それ**を満足させることはできない。

意識があるゆえにあらゆるものが存在するのだが、意識自体は単なる**それ**の光にすぎず、存在する**それ**の反映だ。自分自身を探求者だと見なしている平均的な人は、自分の本当の存在ではなく、様々な概念を崇拝している。

質問者　意識以前の状態について、もう少しお話していただけませんか？

マハラジ　それが何の役に立つというのかね？　あなたがその状態について何を考えようと、それは単なる概念にすぎず、その概念は意識がある間しか続かないだろう。

経験するものだけが、どんな経験にも、残存しているという経験にさえも汚染されずに残るのだ。私はたいした人間ではないのに、どうしてこんなふうに大胆に話しているのだろうか？　なぜなら私はどんな経験も自分に残らないと知っているからだ。

あなたは私以上に率直な人を知らないことだろう。あらゆる人が誕生から死ぬまでの経験に関心をもつが、しかし誰も経験が始まる前の状態についてはまったく考えない。この意識について明確な理解をもっている者は、どんな経験にも何の重要性も認めない。

質問者　私は肉体との一体化を放棄して、私は誰かということを発見したいと思います。どうすればいいのでしょうか？

マハラジ　もしあなたが「私は在る」の知識をもっていなければ、誰が求めるのだろうか？　あなたは存在していなければならず、そのときだけ探求を始めることができるのだ。「私は在る」という知識を覚えておきなさい。それだけがあらゆるものに行き渡っている。ただそれだけになり、他のことを放棄しなさい。

質問者　「私は在る」を考えるとき、すぐに自分にまつわる物事への思考がやって来ます。私はそれがマインドから来ることを知っています。

マハラジ　あなたが考える以前に、あなたは存在する。すべての運動は空間で起こるが、どんな見かけや運動も、そこに空間がなければならない。「私は誰か」という質問には答えがない。しかし、あなたは好きなように答えることができるだろうし、それに好きな名前や称号を与えることもできる。

人々は聞いたり、読んだりしたことが何であれ、その根源的意味に行かず、ただオウムのように繰り返すだけだ。私はただオウムのようにバジャンを詠唱する人々に非常に反対している。どれだけの人々がバジャンで歌われるある種の対句の意味を理解しているのだろうか？　太陽と月はまさに「私は在る」の原理の反映だ。

霊性は開かれていると同時に謎でもある。あなたが存在するゆえに、すべての世界があり、宇宙もある。これはあなたの反映なのだ。

もしあなたが自分は何であるかを知りたいと思うなら、それはすべてバジャンの中に与えられている。もしあなたが目を閉じて、ほとんど自分自身を忘れ、半分眠ったようになれば、それがまさにあるがままのあなただ。もし一瞥を得たいと思うなら、あなたが得る最初のヴィジョンは深く青い空間であり、それは美しさのまさにアイドル、イメージだ。たびたび私はこの点を説明しているが、私が何を言わんとしているかを理解できた者はほとんどいない。

バジャンでは、私はある対句を声を張り上げて強調したものだったが、誰も私が何をしているかを理解しなかった。私は人々がある対句の意味に深く入っていけるように、それを強調していた。しかし、彼らはただ声をより大きくするだけだった！　私はその特別な句を大声で強調しただけでなく、それを繰り返したものだ。私は奮起して声のかぎりそれらの行を叫んだ。「あなたは意識の欠片であり、そこから全宇宙が創造される」と。私はバジャンを歌うことに心から帰依したものだ。なぜなら、それはすべての霊的栄養を提供してくれたからだ。私が特別なバジャンの奥深い意味にぶつかったときはいつでもよく部屋で踊ったものだった。私は今でも踊って歌うためのあふれるばかりの豊かさをもっているが、もうエネルギーがない。

その後、私はどんな賢者や聖人のところへも行かなかった。しかしながら、多くの賢者や聖人が私を訪れたが、残念ながら太陽と月と宇宙が自分の表現だと考える人はいなかった。そういった賢者に私は出会ったことがない。

質問者　私はマラティー語を知りませんが、バジャンのより深い意味を直感的に感じました。

マハラジ　多くの人たちがここでバジャンをやるが、彼らはそのより深い意味を理解できない。多くの外国人はより深い意味を捉えることができる。あなた方外国人には利点がある。なぜなら、このことに興味があるあなた方はみな前世で偉大なる化身ラーマの軍隊であり、ラーマの弟子だったからだ。だから、あなた方はその当時すでに祝福されていた。そして、それ以後の転生であなた方は東洋へ移動して来た。そのため、あなた方はインド人よりもこの場所でくつろぐことができるのだ。

外国人は私を認めている。しかし、この町の人たちは私のことを知らない。なぜなら、あの偉大なラーマがその当時、自分のすべての軍隊、すべての自分の弟子を祝福したからだ。

私は外国人を賞賛する。彼らは何千マイルも遠くからはるばるここにやって来て、しかもボンベイに滞在するために多額のお金も使っている。

質問者　そういった深い衝動がなければ、私たちはここには来ていないことでしょう。

マハラジ　それがあなたのまさに運命だ。あなたである化学物質の中にそういった衝動がすでに植え込まれている。

あなた方は自分が望むものを得ようという決心をもってここに来て座っている。それゆえ、私はあなた方に大いなる敬意と尊敬の念をいだいている。

一九八一年三月二五日

マハラジ　来ては去っていく訪問者のようにその肉体を扱いなさい。客がまだそこにいる間に、あなたは自分の主人としての立場を明確に知らなければいけない。客が去った後の主人の正確な本性とは何かが、客がいる間に理解されなければならない。あなたはそれを理解したのだろうか？　この肉体という客が去ったとき、あなたが自分自身を発見するその立場がどんなものか、私に言ってみなさい。

質問者　どんなアイデンティティもありません。

マハラジ　よろしい。それは確固たる信念だろうか？

質問者　はい、瞑想中は。

マハラジ　客の重要性、その印とは何だろうか？

質問者　客が来るやいなや、主人としてのアイデンティティの感覚があることです。

マハラジ　存在感、つまり「私は在るという性質」が客の印だ。　あなたの答えは深い信念からのものだろうか？

質問者　はい。

マハラジ　それなら、明日は来る必要はない。

質問者　私がそれを知るのは、深い瞑想においてだけです。

マハラジ　あなたは存在していないという知識を、あなたは完全に受け入れているのだろうか？

質問者　瞑想中に本当にその信念を感じる瞬間があります。

マハラジ　もしそれがいつもないなら、それは確固たる信念ではない。人が非常に眠いとき、まさに熟睡に入るその瞬間、人はただ眠る以外に何も望まない。同様に最後の瞬間、息が出て行くときもまたエクスタシーの瞬間だ。生命力と意識が去るその瞬間、それがエクスタシーの瞬間であり、最後の知る瞬間だ。このことを完全に理解した人がジニャーニであり、そういった人には誕生とか死について何も疑問がない。

たとえあなたがこれを聞いて、これが真実だと思っても、概念化が止まることはないだろう。すでに何かの概念があなたの中で始まっている。何であれ私が今あなたに語ったことは、「私は在るという性質」のその欠片についてにすぎない。

質問者　死の瞬間についてもう少しお話していただけませんか？

マハラジ　それについてはそれ以上何も言えない。それは「私は在る」という真我の経験の頂点というか終焉だ。「私は在るという性質」の終焉以後は、知識があるという経験も知識がないという経験もない。知識があることは物質的な材料の特質だ。あなたは自分の誕生以前、何を知っていたのだろうか？同様に、死後は肉体という道具がなくなるので、どんな経験もない。永遠にはどんな誕生も死もないが、一時的状態には始まりと終わりがある。

意識が去るときでさえ、あなたは行き渡っている。**絶対**として、あなたはいつも存在しているのだ。意識であるあなたはあらゆるものであり、何があるにしろ、それはあなたなのだ。こういった知識は私に閃いたが、私はその知識ではない。「私は在る」という知識、そしてそのすべての顕現が理解されたのだ。理解においては、私は**それ**ではない。

一九八一年三月二六日

マハラジ　ここであなたが得る唯一の知識は真我の知識だ。それはこの世の中で生計を立てるのには役立たないことだろう。自分の本質は何かという観念をあなたはもっていないのだろうか？　あなたは自分が何でないかを理解したのだから、自分でないものについて関心をもつべきではない。そのことは明確だろうか？

質問者　はい。

マハラジ　あなたはまだ自分は何かという観念をもっているが、そのイメージさえ完全にぬぐい去らねばならない。そうすれば、あらゆる実体やアイデンティティという観念もなくなる。今あなたは、私は何かということを理解したと思っているが、この意識をどう利用するのだろうか？　意識の利用は、他者のためだ。

質問者　理解するためにはグルの恩寵が必要です。

マハラジ　恩寵は常にそこにあるが、その恩寵を受け取るためには受容性がなければならない。人はまず、ここで聞いたことは絶対的な真理であるという確固たる信念をもたなければならない。

あなたは私が与えるものと一つになるまで、それを自分に染み込ませようとはせず、ただそれを受け入れてポケットに入れ、すでに蓄積してきた概念を使い続ける。あなた方の誰も私が何かを本当には理解せず、ただ私についての自分自身の概念をもっているだけだ。

質問者　私はそれを知的には理解しました。それを実現するために、私に何ができるでしょうか？

マハラジ　一個の実体としてのあなたにできることは何もない。根付いたものが自ずと直感的な理解へと花開くことだろう。

質問者　理解するのにいくらか時間がかかるものです。

マハラジ　それも概念ではないだろうか？　まさにその概念が障害だ。私のグルがその立場が何なのかを語ったとき、私は聞き、言った。「ああ、こういうふうになっているのだ」と。まさにそれだけで、すべてだった。
もうこれ以上質問がなければ、セッションを終わりにする。私はあなたを見張るためにここにいるわけではない。もし言われたことをあなたが本当に理解したなら、もう二度と来る必要はないし、もし理解できないとしたら、そのときには来続けることが何の役に立つだろうか？

質問者　時々、宇宙的な愛を瞬間的に感じることがあります。これは肉体－マインドにもとづいているのでしょうか？　それとも何か別のものでしょうか？

マハラジ　全体愛は意識のまさに特性だ。この感覚が起こるとき、あなたにできることは何もない。人が大海を抱きしめることができるだろうか？

一九八一年三月二八日

質問者　意識と知力の関係は何ですか？

マハラジ　知力は意識の表現だ。

質問者　私たちは知力だけを通じて、あらゆることを理解し気づきます。

マハラジ　為されるべきことは為されなければならず、理解されるべきことは理解されなければならない。為されるべきこととは、通常は現在の世俗的な人生に関することであり、それらをあなたは遂行しなければならない。霊性においては理解しなければならず、**おこなう**という問題ではない。霊性においては名前も形もない。名前と形はあなたの世俗的な日常生活のために必要だ。名前と形は自分のアイデンティティではないと理解した者は霊性の中にいる。現在あなたはまだ名前と形に心惹かれている。現象世界における名前と形としてのあなたのアイデンティティは一時的なものであり、過ぎ行くショーであり、名前と形に関連したものは何も残らない。

様々な概念を通じて霊性を理解している者は、悪循環に捉えられることだろう。もしあなたが概念に捉えられれば……再生、輪廻転生といった概念の環に捉えられることだろう。こういったものはすべて概念だ。もしこういった概念に捉えられれば、あなたは必ずそれらに縛られることになる。建物などのように、形は概念から創造される。最初、あなたは計画を立てるときに概念をもつが、それはあなたから生まれ、あなたはそれに具体的な形を与える。しかし、それは概念のままだ。いわゆる誕生という経験によって、あなたはテレビの映像のようなサイクルに囚われる。すべての人生の出来事は映画のようなものだ。

状況は絶えず変わるものだということを日々あなたは観察したに違いない。これは肉体－マインドとあなたが一体化した特質というか表現だ。

活動しているのは意識であり、その顕現した意識の中で様々な顔や肉体のすべてが活動している。あなたはこれらの顔や肉体ではなく、言葉が流れて来る源泉の意識なのだ。

テレビや映画に映った活動が現実ではないのと同様に、この活動もまた現実ではない。ジニャーニにとってはすべての活動が非現実だ。

私はあなたの家族の問題に解決法を与えるつもりはない。私があなたに語っているのはこの世俗的な人生がどんなものではないかということだ。こういった話を聞いたあとでも、あなたはまだ自分自身のために何らかの利益を得たいと思っているが、それは残念なことだ。驚くべきことだが……ここに来ないようにと説得しているのに、あなた方はまだここに来ている。どうしてそんなことが起こるのだろうか？

要求したわけでもないのに、私たちは夢を見る。なぜ私たちは夢を見るのだろうか？　なぜなら、熟睡状態で意識が自然に目覚め、目覚めたゆえにそれはある種のヴィジョンの中にそれ自身を顕現する。あなた方がここを訪れていることもまた、ちょうどそのようなものだ。

私はあなたの利益のために話しているわけではないし、あなたもまた自分の利益のために聞いているわけでもない。こうした言語はすべてが夢の状態のように自然発生的に出ている。

私はいつもあなたを真理へ導こうとしているのだが、あなたはここに概念的な棒や石の束をもってやって来る。私の言うことを聞く代わりに、あなたはその棒と石で私に訴えている。

今ここで、その肉体が去る最後の瞬間を考えてみなさい。そのとき、あなたはどんなアイデンティティをもって去って行くのだろうか？

これは詐欺であり、あらゆることが不正で、まるで夢の世界のようなものだ。

質問者　その第一の原因は何ですか？　その罪とは何だったのですか？

マハラジ　この意識が意識を感じ始めて、悪ふざけが始まったことが罪なのだ。

あなたが好もうと好むまいと、私はあなたの前に物事の実際の状態を置く。あなたは自分が存在していることを知っているが、それはすべて想像上のものだ。あなたは自分が存在していると思っているが、それは嘘だ。その存在性の特質やその習性が何であれ、それはあなたの習性ではない。

あなたが自分の本当のアイデンティティに留まるとき、悪ふざけのこの夢の世界から抜けている。私はあなたの前にあなたの本質を置いたのだ。

あなた方はみな、自分が死ぬことを恐れ、この意識が去ることを恐れている。すべての表現は食物の本質の産物である肉体の表現であり、あなたではない。甘さや辛さは食べ物の表現であり、それらは保存も維持もできない。同様に、この「私は在るという性質」は食物の本質の産物である肉体の特質や表現であり、あなたはそれを永遠に保持することはできない。

一九八一年三月三〇日

マハラジ　私はあなた方がここに座っていることにとても驚いている。この会話は言葉が何もない状態から生まれている。あなた方は自分がどんなアイデンティティをもっていると思っているのだろうか？

質問者　人はどうすれば「私は在る」という気づきの中に確固と安定することができますか？「私は在る」、「私は在る」と考えればいいのですか？

マハラジ　あなたがここに座っていることを考える必要があるだろうか？　あなたは自分がここに座っていることを知っている。肉体と一体化した一個の実体の観点で考えたり行動しないようにと、どれほど私が大声で何度も促そうと、あなたはまだそうし続けている。どんな名前や形がそこにあっても、それはその物体に所属するものであり、その物体はあなたではない。あなたはその問題を分析し、自分はその物体ではないという確固とした信念をもっているのだろうか？　その物体が分解すると、その名前は何を指し示すのだろうか？　それは何らかの意味をもつのだろうか？

千万人にたった一人だけがまったく独力で事の核心に行き、それが何であるかを分析し、結論に到達し、解放される。解放されたものとは意識であり、どんな実体もない。

究極の理解とは、そのおかげで理解が起こり、それ自身は非常に純粋で霊妙になるので消滅してしまうものだ。そして、この意識が再び起こるとき、サマーディが途切れ、「私は在るという性質」が再び始まる。
言葉は意識から来るが、意識には肉体の力が必要だ。この肉体の力はしだいに衰え、それゆえ私が望むほど言葉が自由に出て来ない。大きなエネルギーを使って、私は何度も繰り返す。しかし、どれほどの人が理解したのだろうか？　根本的に事は非常に単純なのに、あなた方はここに来続けて私の話を聞いているにもかかわらず、その言葉が届いている兆候が何もないことに私は失望している。
誕生の原理とは何だろうか？　あなたは理解したか、理解しないかのどちらかだ。もし理解したなら、なぜあなたは来続けるのだろうか？　もし理解していないなら、やはりなぜ来続けるのだろうか？

質問者　マハラジ、私たちはただあなたといっしょにいるのが好きなのです。

マハラジ　それは別の話だ。しかしあなたは、私が理解してもらいたいことを本当に吸収したのだろうか？

質問者　私たちは非常にたくさんの概念をもって、ここに来ています。あなたが教えていることは、あまりに驚くべきことで、それはショック療法のような感じです。どうしてあなたは私たちの質問を期待なさるのでしょうか？　しばらくの間、私たちにそのショックを吸収させてください。そうすれば、質問がやって来ることでしょう。私たちは驚きのあまり沈黙しています。

マハラジ　ここにやって来て、私の話を聞いて理解した者は、自分の国に戻ったときグルになることだろう。

理解することはこんなに簡単なのに、なぜあなたは理解しないのだろうか？　現在、顕現におけるあるがままのあなたは意識だ。そして、その意識は食物からなる肉体がそこになければ留まることができない。それゆえ、意識は食物からなる肉体に依存しているが、それは本質的に一時的な特性であり、私はそれではありえない。そのくらい単純なことなのだ。それなのになぜあなたは理解しないのだろうか？

意識がもはやそれ自体を意識しないということが起こらなければならない。甘さは砂糖の中にあり、私はその甘さを理解し、味わうものだ。これらのすべての霊的な概念は慣習的にやって来る。最後の段階、究極の状態では、知識があることは知識がないことだ。超越意識とは、意識が意識を知り、それを理解するときだ。

質問者　今朝、熟睡と目覚めの間にほんの一瞬ですが、静寂がありました。そのときは、完全に知ること、沈黙、まさに存在性だけがありました。

マハラジ　それはきわめて高められた状態であるが、しかし、その中に囚われないようにしなさい。熟睡とは氷の塊のようなものだ。そこには何もない。しかし、今その形が変わりつつあり、暖かさが起こっている。その暖かさでもって、あなたは自分が存在していると感じる。

フルートの演奏に全世界が魅了されている。意識は世界という演奏であなたをうっとりさせる。そのフルートと誰がそれを演奏しているのかを調べなさい。源泉へ行きなさい。

質問者　人がこの人生を生きているとき、多数の質問が生じ、私たちは絶えず意識に気づかなければなりません。しかし、マインドがそうさせてくれないのです。

マハラジ　マインドは実用的な目的であるコミュニケーションのための道具だ。マインドは真理を掴むことはできない。真我はマインドを観照するが、マインドは真我を捉えることはできない。

一九八一年三月三一日

マハラジ　意識の特性と機能について明確な理解が起こるとき、その理解はもはや意識を必要とはしない。なぜなら、その理解が意識を知るものとなったからだ。

質問者　個人としてではなく、顕現全体として機能することは可能ですか？

マハラジ　あなたは何が顕現全体で、何が個人だと理解しているのだろうか？

質問者　顕現とは何でしょうか？

マハラジ　私がその顕現だ。非顕現の**絶対**である私は、顕現した私と同じだ。意識は**絶対**の表現であり、二つのものがあるわけではない。

質問者　もし私の人生が大いなる満足と幸福を与えてくれるとしたら、なぜ「私は何か」とか、「私は誰か」を気にかけなければならないのでしょうか？

マハラジ　この意識は答えを得るまで落ち着くことがない。この意識はそれ自体の存在に耐えられず、それ自体の意識に耐えられないのだ。

質問者　それはそれ自体の休息の場所に戻りたいのです。

マハラジ　私は言葉で議論する気はない。あなた方は不動心をもって熱心にここにやって来て座っている。もしあなた方がそんなに好きなら、歓迎する。

私の教えは非常に単純だ。それは経験者と経験は、すべて幻想であるということだ。若いときは、若者の好むあらゆるものに巻き込まれやすいが、その時期が過ぎれば、そういったものに関心を失う。同様に、「私は在る」という概念を身につけると、あらゆる概念に巻き込まれる。この「私は在る」という概念が去ると、私は存在していたとか、こういった経験をしたという記憶は何も残らない。まさに記憶がぬぐい去られるのだ。あなたが完全に一掃される前に、まだ自分の痕跡が少し残っている間に、この場所を去ったほうがいい。

あなたはこのレベルのこれほど詳しい教えに出会うことはないかもしれない。

こちらの女性は山のような知識を積み上げ、所有している。しかし、いずれ彼女は積み上げたものが何であれ、それを忘れるだけでなく、存在していた自分自身も忘れることだろう。

一九八一年四月四日

質問者　真我実現した人はいつも至福の状態にいるのですか?

マハラジ　肉体の観念を超越した者にはアーナンダは必要ない。肉体を経験していなかったとき、あなたはその至福状態にあった。あなたの誕生前の状態は熟睡として描写されうるものではなく、それを超えている。ジニャーニの経験はあなたが生まれる前の状態と同じであり、それは完全な状態だ。

質問者　私はどうしたら**それ**になれるでしょうか？

マハラジ　肉体をもつ前、あなたは常にその状態にいる。しかし、あなたはその肉体意識のせいで混乱している。

質問者　肉体はここにあります。

マハラジ　反論せずに、ただ聞きなさい。私の話を理解するのに、あなたには賢者の助けが必要かもしれない。この知識は知力で理解できるものではないのだ。

質問者　永遠の状態にはサット・チット・アーナンダがありますか？

マハラジ　食物の本質はサットヴァで、サットヴァの特質は意識であり、そして意識の内部にサット・

チット・アーナンダがある。永遠の状態はサット・チット・アーナンダ以前だ。

質問者　人が生まれる主な理由は、生まれたいという本人の願望だと、本で読んだことがあります。これは生まれる前の状態にどう当てはめることができますか？

マハラジ　あなたの誕生は両親の願望の結果だ。

質問者　どうしたら私は束縛から解放されることができますか？

マハラジ　どんな束縛もまったくない。束縛は想像上のものだ。意識に向かえば、あなたのすべての質問は真我によって解消されることだろう。

質問者　私がこれを理解する上での障害は何ですか？

マハラジ　唯一の障害は、自分はこの肉体であるという絶えず起こるあなたの記憶だ。

質問者　マハラジとは何かを完全に理解しないのに、それでも人々はここに来ます。なぜでしょうか？

マハラジ　知識とそれを超えた原理との融合がある。その二つには引き合う力がある。だから、世界中からここに人々が来るのだ。

私は触れられないものだ。あなたは私に何かを付け加えたり、取り去ったりすることはできない。私はあらゆる点で、充実していて完全だ。あなたが私に何をしても、あなた自身が苦しまねばならない。もしあなたが私に怒れば、苦しまねばならない。もしあなたが私に何かをすれば、それはあなたに跳ね返ることだろう。あなたが空に向かって唾をはけば、その唾はあなたにだけ降りかかることだろう。

質問者　物質世界は何から創造されているのですか？

マハラジ　顕現した意識から創造されている。永遠なるパラブラフマンと永遠なるブラフマンの中でこの劇は常に進行している。その劇の中ではあなたは全体であり、どんな分離したアイデンティティも起こらない。その肉体の中には「私は在る」の味わいがあるが、肉体が去るときにその味わいも去る。問題があると、あなたは本を参照する。なぜ自分自身を調査して、自分とは何かを発見しないのだろうか？

五大元素のこの劇の中で何が見られ、経験されるとしても単に楽しみにすぎず、この楽しみや娯楽のためにはマインドが不可欠なのだ。

質問者　ブラフマー（ヒンドゥ教ーの三大神の一つ、創造神）、ヴィシュヌ（同、維持神）、そしてその他の神々は何ですか？

マハラジ　それらは単に意識の中の見かけにすぎない。それぞれの見かけはそれ自体の寿命をもつ。その寿命は何百万年かもしれないが、しかしすべては見かけであり、決められた寿命がある。知識を知るものは個人的希望、恐れなどによって影響されることは決してない。

一九八一年四月一〇日

マハラジ　非顕現が常に存在しているが、この顕現した知識のあることが起こり、そして別れて行く。現在、私はどんな個人性ももっていない。利用できるものはこの表現のための意識だけであり、その意識のおかげでこの物質的な道具が利用可能となっている。現在、この意識はあまり望ましいものではなく、それは不完全な状態だ。

この宇宙意識の機能にとっては、どんな原因と結果の法則もない。なぜ、ある特定の時期に何かが起こるのかは、この二元的状態の中では説明不可能だ。私たちはただその機能を眺めることができるだけであり、機能が起こる理由などは知る由もない。もし私たちにこの肉体が付随した意識を取るかどうかの選択肢があるなら、誰が愚かにもそれを受け入れるだろうか？　それが起こったのは、ただ私たちには何の選択肢もなかったからであり、あらゆることは自然発生的だったからだ。苦しみもまた引き受けざるをえない。なぜなら、それは全体の機能の一部だからであり、取り上げて選択できるどんな実体もないからだ。

どんな個人性も残されていない。それにもかかわらず、この肉体が全体の機能の一部であるかぎり、全体の機能の中で起きることはすべて引き受けなければならないのだ。全機能の中には一定量の苦しみがあるが、この肉体は無数の形態の一つであり、この肉体に与えられた相当分の苦しみは経験されなければならない。

質問者　私はこのことを理解しようと努めています。

マハラジ　あなたは理解しようと努める一個の実体にしがみついている。これらすべてはただコミュニケーションのためだけだ。何かを理解しようと努めている一個の実体とは誰なのか?

あなたはある種の概念を楽しむことと、自分の中で自然発生的にわき起こる概念を満足させるために、たくさんの活動をおこなっている。このようなコミュニケーションや解説などは、この意識的な存在が利用可能なかぎりは続くだろうが、すべては単に「私は在る」という概念を満足させるためのものであり、**絶対**であるあなたは、「私は在る」という第一の概念ではないのだ。

私が語るすべてをおそらくあなた方は好み、楽しむだろうが、私の話を理解し、認識するのはほとんどど不可能だ。私が何を言っているのか、あなた方が正確には理解していないことを私は確信している。ここにいる二人は著名な法律学者だ。ここで私の話を聞くことによって、彼らはどうやって自分たちの法律的な知識を有効に使うことができるのだろうか？

一九八一年四月一三日

質問者　弟子はグルに帰依しますが、これは二元性ではないでしょうか？

マハラジ　世界において二元性は常に存在している。顕現は肉体－マインドとの一体化ゆえに、二元性においてのみ起こることができる。もしグルと弟子が肉体と一体化していなければ、どこに二元性にもとづいた質問が起こるのだろうか？　弟子とグルはただ知識にすぎず、知識には何の形態もデザインもないのだ。

質問者　私たちは自分が肉体ではなく、一度も生まれたことがなく、死ぬこともできないことを受け入れていますが、何かが欠けているように思えます。それは何でしょうか？

マハラジ　私の話を聞いて、それを受け入れた人というのがいたら私に見せてみなさい。私は話を聞いているのは知識だと想定しているのだ。

動物は自分の空腹を満たすためだけに存在している。あなた方がここにいるのもそのためだけなのだろうか？　長年私の話を聞いているあなた方の中に変化がなければならない。人は自分が形ではなく、その形に感覚を与えている意識だということを知らなければならない。こういった変化が本当に起こったのだろうか？

質問者　グルへの執着もまた概念であると、グルは説明します。その概念をどうやって取り除いたらいいのでしょうか？　サーダカは常にグルに敬意を払いたいと思っています。

マハラジ　それは最初の段階の話であり、そこにはまだ二元性がある。サーダカはグルを自分とは違う何かだと思っている。それゆえ、彼は敬意を払いたい。サーダカもまたグルであり、ジニャーニであり、何の違いもない。

私はいまだ自分のグルのためにこのプージャをおこなっている。それは人々を導くために維持されなければならない。あなたがグルへの敬意と愛をもたないかぎり、概念から解放された状態になる過程は早まらないことだろう。もし私の言うことを理解したなら、あなたは初めて本当にここへ来ることになる。たとえ誰も来なくても、私は不幸にはならない。起こるべきことは、すでに起こったからだ。

一九八一年四月一五日

質問者　覚醒とは、グルから真理を聞くことで可能となるのでしょうか？　それとも他の方法がありますか？

マハラジ　いや、グルの恩寵と導きによってのみだ。グルとは質的なブラフマンと非質的なブラフマン、世俗的な事柄と霊的な事柄を完全に知っているものだ。あなたは概念としてここで聞いたこういった事柄にしがみつき、それになろうとはしない。あなたは概念としての知識を好むのだ。

質問者　マハラジは内なるグルが外側のグルよりも大切であるとおっしゃいました。

マハラジ　最初の段階では、外側のグルをもたなければならない。そのグルがあなたを内なるグルへと導いてくれるのだ。

質問者　マントラは何のためにありますか？

マハラジ　マントラはあなたの目的というか対象物を示している。

質問者　内科医の私は患者に熱心なあまり、彼らの問題に巻き込まれることが時々あります。ときには冷静に対処することもできますが、患者たちは自分の問題に関しては戦士のような人たちで、私をそれに巻き込もうとします。逃げ出したい気分になることもあります。

マハラジ　それはあなたの概念の知識であって、**あなた**の知識ではない。自分が世界に関わっていると感じるのは概念であり、逃げ出したいというのも概念だ。

質問者　もし非常に正直な人が真我実現をこの世の何よりも望むとしたら、一人でどこかへ行き、それ以外のことを考えなければ、そのほうがより簡単ではないでしょうか？

マハラジ　まったくそうではない。あなたが外側の何かを獲得するということではなく、あなたである知識はすでにここにあるのだから、ただそれを理解しなさい。

これはすべて概念の遊びだ。人がその知識を得るとか、その知識をもっていると考えることさえ、まだ概念だ。知識を得る前に、何であれ**在る**もの、**それ**が真理なのだ。

質問者　誰かがマハラジに非常にむずかしい質問をするとき、どこからその答えがやって来るのですか？

マハラジ　質問から答えがやって来る。あらゆる質問には回答が付随しているのだ。

一九八一年五月九日

質問者　もし病気であれば、ジニャーニも他のあらゆる人と同様に苦しむのですか?

マハラジ　ジニャーニの場合は、マインドと知力が機能していない。彼らは苦しみを受け取らないが、肉体の苦しみはいっそう強烈なものとなる。なぜなら、個人の場合に苦しむのは肉体だが、ジニャーニの場合に苦しむのは意識であり、意識の中で経験されることは何倍にも誇張されるようになるからだ。しかし、あなたはこの段階を気にする必要はない。それはめったにないケースだからだ。ジニャーニのケースは肉体－マインドから完全に分離した状態だ。

一個の実体としては、肉体からある程度の分離をすることは心地よい状態、すなわち人々が待ち望み、受け入れたい状態だ。しかし、ジニャーニの場合は分離はさらに進み、完全であり、それゆえ心地よい状態やそれ以外の状態の影響という問題はまったくない。その結果は、どんな欲求も願望もないということだ。これが私の経験していることだが、他の人たちのことはわからない。

質問者　マハラジは私たちに知識を与えてくださることができますか？

マハラジ　次のことを理解しなさい。ジニャーニは誰にも知識を与えることはできない。彼にできるのは、あなたの本質を指摘することだけだ。ここではそういった条件を提供しているが、なぜ人々がこの場所へ惹かれて来るのかは私にはわからない。ここに来る人に私が与えることができるものは何もない。この場所へ惹かれて来るのは自然発生的であり、知的には理解できないことだ。

もし私の言うことを誰かが明確に理解したなら、その実際の影響とは、その個人の日常生活の活動においてさえ、特定の意図というものが何もなくなるだろうということだ。物事はどんな意図的な意志も行動もなく、ある種の玉軸受のように継続してゆくことだろう。私自身の場合で言えば、一日中、肉体は通常の機能をおこなう。物事は通常のやり方で進行し、何も抵抗するものはない。一日を通して起こっている物事を理解することにまったく関心がない。

八時頃までは知力が機能しなかったが、今は、少し回復していることに気づいている。

ジニャーニの人生において、どんなジニャーニもこの秘密を暴露しないことだろう。彼は願望と期待がないだけでなく、「存在する」ことにも魅了されないことだろう。希望、期待などをもつためには、人はイメージとアイデンティティをもたなければならない。

一九八一年五月一〇日

マハラジ　あなたが最も好きなもの、それは意識的な存在である「私は在る」そのものだが、それも永遠には続かない。

この炎が消滅するときの損益とは何だろうか？　その炎とは何を表しているのだろうか？

質問者　知識、意識です。

マハラジ　その意識に何が起こるのだろうか？　ただそれを認識し、理解するためだけに私たちはあらゆる霊性をもつ。消滅すると、炎はそれ自体に対して何もする必要はない。同様に、肉体が死んで意識が消滅するとき、何もする必要はない。この理解をもって世の中で何でも好きなことをすればいい。

現在、あなたは肉体の束縛に縛りつけられているが、それは概念的なものだ。人がこの知識を認識するなら、まさに有利と不利という一切の考えも解消する。

その原理のために、あなたは多くの活動に自分自身を巻き込んでいる。しかし、まさにその原理が何でもないものへと消滅するとき、あなたは何をするつもりだろうか？

「私はこれをすべきだが、あれはすべきでない」と言って選んではいけない。自分にどんな条件も押し付けてはいけない。

アリがあなたの体の上を這い、あなたを刺す。刺されたことによって、あなたはアリがそこにいることを知る。同様に、「私は在る」という意識的な存在の感覚は物質的な肉体のせいだ。

このことを理解してしまったら、世俗的な生活に執着すべき、あるいは世俗的な生活を放棄すべき人はどこにいるのだろうか？　そういった問題は起こらないのだ。

もしあなたがこの知識で満たされたら、世俗的な困難があったとしても、まったく影響を受けることはないだろう。

この謎めいた率直な話は他の場所で聞くことはできないだろう。他の場所では意識から起こるある種の概念を与えられ、こういった概念からさらに概念が発展し、あなたは間違って導かれる。意識の分野においては、どんなタイプの概念も非現実だ。世界はこういった話に耳を傾けるだろうか？

あなたは何か？　両親の分泌液から生まれるその誕生の原理、その肉体だろうか？

この知識を得た人は世俗的な問題や家庭的な問題から解放されている。

一九八一年六月六日

マハラジ　この肉体を構成している材料はますます疲労しつつあり、それにともなってこの知識もまた弱くなっている。存在感がまだあるのは、この肉体を構成している材料にまだ少しの力が残っているからだ。その少しの力も去ってしまうとき、意識もまた消え、存在感もなくなることだろう。しかし、存在感がなくなったら、私はもっと存在することだろう。

あなた方一人ひとりは自分を守ろうとしている。あなたが守ろうとしているものとは何なのか？　あなたがどれほど守ったとしても、どのくらい引き延ばせるだろうか？　自分が守り、保存しようとしているものが何なのか、それがどのくらい残るのかを根源まで行って発見しなさい。

あなたの本質を理解する唯一の霊的な方法は、「私は在る」というこの概念の源泉を発見することだ。存在感が到着する前、あなたは時間の概念がまったくない状態の中にいた。ということは、何が生まれているのか？　それは時間の概念であり、誕生や生きること、死ぬことという出来事がいっしょになってまさに時間と継続を構成するようになるのだ。

いったんあなたがこれを理解すればあらゆることが明確になるだろうが、これを理解するまでは何も明確にはならないことだろう。これはそれくらい単純で簡単なことではないだろうか？

質問者　言葉は単純ですが、何を意味しているのかを理解することはむずかしいでしょう。

マハラジ　それがなかったら言葉さえ理解できない、そのそれとは何なのか？　その源泉の根源へ行きなさい。

私が今朝あなたに話したことを理解するうえでは、知力は完全に無力だ。それに対する直感的な理解がなければならない。

一九八一年六月八日

マハラジ　人々は、私が言っていることを本当には理解しない。彼らは部分的に理解して独自の概念を形成するが、本当の自己知識はそこにはない。

仮に大きな木を生み出すことになっている種があるとしよう。その種を切ってみれば、その種の中にその木を見ることができるはずだ。

私が得た木の種は誕生の種と呼ばれもので、それを割って開いたとき、私は自己知識を得た。私はそれ以外の資本をもつことができるだろうか？

私はいわゆるジニャーニにたくさん出会ったが、種の中に木を見た本当のジニャーニにはまだ出会っていない。

段階が進むと知力に何が起こるのだろうか？　老年になると、知力の消滅を観照する。あなたはその観照をどう描写することができるだろうか？

質問者　思考と感情が常に湧き起こり、私は気が散ります。どうしたらいいでしょうか？

マハラジ　あなたは思考が起こりうる以前に存在している。思考やその他のあらゆるものは、意識の中で起こる単なる運動にすぎない。

いったん意識が起これば、あらゆること、つまり世界やその中のすべてのやりとりが起こる。単にそれらを観照していなさい。観照は起こるが、観照するどんな個人もいない。観照とは宇宙意識の全機能の中で起こることだ。

私は個人というものを完全に否定しているので、こういう話は百万人に一人しかアピールしない。

質問者　常に何かを探し求めても決して満足せず、完全に不満な人たちが非常にたくさんいます。なぜこうなのでしょうか？

マハラジ　自分が求めているものは自分だと発見するまで、あなたは決して満足しないことだろう。もしあなたが個人として知識を欲しがっているのであれば、それをここで得ることはできない。もしあなたがこの知識に満足するならば、ここに来て静かに座ればいい。もしこのように自分自身を否定することを受け入れられなければ、ここを去ればいい。私は理解しているので、それは私に影響しない。

決して起こらなかったこと、それは不妊の女性の子供だが、それに対してあなたは何を心配するのだろうか？　それは想像されたものであり、現実ではない。そのような幻覚から、もし誰かが何かを得ようとすれば、それは完全な非現実の中で現実を求めることではないだろうか？

質問者　もしそれが現実だったなら、私たちはそれに関して何かすることができるでしょう。

マハラジ　そのとおりだ。あなたは確かに何かを見る。しかし、あなたが見ているものは幻想、夢のようなものなのだ。夢の中で見るものも非常に現実に見えるが、私たちはそれが現実ではないと知っている。

　こうした理解があっても、それでもなお男性とか女性というこの形態のアイデンティティを放棄することはむずかしい。

　形がなければ、知識は与えられない。**絶対**がそれ自身を顕現するためには、物質がそこになければならない。**絶対**の非顕現と顕現は二つのものではなく、顕現は単に**それ**の表現であり、物体とその影のようなものだ。

　存在の愛とは、個人的な存在のものではなく、全宇宙的な意識の特性だ。

一九八一年六月一一日（朝）

マハラジ　肉体－マインドのアイデンティティが断固として拒否され、意識との一体化が完全に確立されて初めて、私の言うことが何らかの意味をもつことだろう。

あなたであるものは無限であり、感覚に影響されることはない。自分自身を肉体に限定することで、あなたは本当のあなたである無限の可能性に自分自身を閉ざしている。

瞑想においては、意識がそれ自体に瞑想し、それ自体の中に留まっているのだ。

もしあなたが私の言ったことを受け入れれば、世の中で自然発生的に起こっていることを受け取ることもないし、原因と結果も気にしない。そのとき、あなたは自分の本質を受け入れている。肉体を通じて起こることは何でも、本当のあなたとは無関係に起こる。

この生命力（呼吸と意識）が肉体を離れるときには、何の許可も必要でないことを覚えておきなさい。それは自然発生的にやって来て、自然発生的に去って行く。それが死と呼ばれるものの中で起こるすべてだ。生まれたり、死んだりする人は誰もいない。

質問者　私の理解では、人生の目的は顕現されてきたものと、機能しているものは単に宇宙意識であると理解することです。理解する以外に、何もするべきことはない。これは正しいですか？

マハラジ　そのとおりだ。あらゆることは自然発生的で自動的で自然であり、自分や自分のものという束縛は概念にすぎない。

あなた方のような素朴な人たちがここにいるとき、私は平和で邪魔されることはないが、自分自身をジニャーニだと思っている人たち、知識を誇ったり見せびらかしたい人たちが来ると妨害でしかない。

質問者　ここには非常に高度な種類の、高いレベルの知識があります。それが吸収されるまで、普通の人は何をするべきですか？

マハラジ　受容性と、理解したいという深い願望があるかぎりは、何もするべきことはない。結果が何であれ、知識自体がそれをもたらすことだろう。要求されているのは精神的あるいは知的な能力ではなく、直感的な識別感覚だ。

　ということで、今あなたが肉体ではないことを受け入れたら、肉体との一体化を続けることができるだろうか？

質問者　肉体とマインドには重要性がありますか？

マハラジ　あらゆるものにその重要性がある。

質問者　私たちは肉体の世話をしなければならないのでしょうか？

マハラジ　人は自分が一体化する何かの世話をするものだが、あなたはもう肉体－マインドとは何の関係もないのに、なぜそれらの世話に関心をもつのだろうか？

あなたが空間であるときはもはや肉体ではなく、何であれ空間に含まれているものと空間はあなただ。あなたは今、あらゆる知られるものとしての空間の顕現だ。この空間はチダーカーシュ（気づきの広がり）として知られている。あなたがこのチダーカーシュであるとき、物理的空間よりも微妙で、もっと拡大している。ジニャーニは様々な段階のこうした微妙さや天空、空間を超越している。チダーカーシュにおけるあなたはまだ限定され、「私は在る」という思考で条件づけられており、次の段階がパラマーカーシュ（偉大なる広がり）だ。パラマーカーシュは最高位で、その中に他のアーカーシュ（虚空、空間）が七つある。チダーカーシュにおいては、知識のあることが「私は在る」になる。パラマーカーシュにおいては在るも、ないもなく、**それ**はあらゆるものを超越している。

一九八一年六月一一日（夕方）

質問者　愛とは何でしょうか？　それは必要や喜びを満たすものでしょうか？

マハラジ　そのとおりだ。あなたが見た何かを好きになれば、その好みがその対象への愛だ。怒りや不満が湧き起これば、それもまた愛の一部だ。愛はきわめてよいものでもあり、きわめて悪いものでもある。すべての苦しみの経験は愛の結果だ。このすべての愛と嫌悪の活動に必要なものとは何かを発見しなさい。それは存在性、実在への愛であり、それがすべての苦痛とみじめさを生み出す。あなたはそれに直面しなければならない。なぜなら、あなたは存在することを愛しているからだ。どんな愛以前にも、存在への愛がそこにはある。それは愛とみじめさ、喜びと苦痛という両方の特質を味わうものだ。この（タバコのライターの）炎を例にするなら、光や暖かさがあるが、また何かを燃やすこともできるということだ。

質問者　私はそれから離れることができますか？

マハラジ　それから離れたいと思っているあなたとは何なのか？　もしあなたが私から離れているなら、あなたを遠ざけておくことができるが、しかし、何であれ存在しているものは私から離れていない。

芽を出し、根をはった「あなた」とは何なのか？　それだけが喜びと苦痛の原因だ。

あなたがこれを理解したとき、それがすべてであり、終わりだ。それからあなたは手を叩き、叫び、歓喜の嵐となる。すべてのショーは終わったのだ。私が与える知識は、あなたのいわゆる知識のすべてを追い払うことになるだろう。

ジニャーニは空間のように微妙だ。空間とはどんなものだろうか？　あなたには空があることは当然だろうが、それはどんなものだろうか？　この知識は空間よりも微妙だ。空間の父親が「私は在る」という知識なのだ。

質問者　人はどうやって意識を知るのですか？

マハラジ　あなたが自分自身を知り始めたのと同じ、まったく同じ方法だ。自分が存在しているとあなたが知るときは、自分自身を獲得することと同じなのだ。それでも、あなたはずっと存在してきた、そうではないだろうか？　この論理的な結論は何の役に立つのだろうか？　あなたは今ここで言わなければならない、実際に。「彼はここにいる」

質問者　では、なぜマハラジは私にこれほどの関心をもってくださるのでしょうか？

マハラジ　誰が誰に関心をもっているというのか？　誰がその行為者だというのか？　すべては自然発生的に起こっているのだ。

一九八一年六月一三日

マハラジ　一般的な霊的用語では、自分が聞いたことを繰り返すのが知識だ。つまり、知性を披露することだ。人々はそれを霊的だと考えるが、誰も自分とは何かを発見しようとはしないし、自分自身を見ない。若い人たちが結婚するとき、彼らはお互いに熱烈な関心をもつが、同様に人が霊性と結婚するときも、常に霊性に関する思考や議論に没頭する。

あなたは内部を流れる血液だろうか、あるいは皮膚だろうか、あるいは骨だろうか？　あなたはそうではない。このように調査し、自分はこの肉体ではないと理解するようになるとき、あなたは自分ではないものは何であれ、あらゆるものを排除することだろう。最終的には、あなたは何になるのか？　この要点に到達しなさい。

あなたは自分が暗記している物事や儀式、バジャンなどにあまりに中毒しているので、毎日それらを詠唱しないと幸福という満足感を味わうことがない。

こういった儀式的な実践は、無知な人たちの肉体－マインドを忙しくしておくためにあるのだが、肉体－マインドをもっているということは、自分が存在し、それにはどんな名前も形もないことを知るためなのだ。

理解した者にとっては、喜びや苦痛という問題はないし、また死の恐れもない。もし人が肉体と一体化すれば、そのときには肉体と関連した物事に囚われてしまう。

私は多くを語らないが、それらは非常に効果的だ。霊性に関しては多くの書物が書かれているが、それらはあなたの概念を破壊することはなく、ただ増やすだけだ。すべての書物をもってしても、あなたが何かをあなたに教えてはくれない。

質問者　チンマヤナンダとサット・チット・アーナンダの意味は何ですか？

マハラジ　人々が時々バジャンを歌いながら踊るとき、我を忘れる。その状態がチンマヤナンダと呼ばれている。そのチンマヤナンダをもつためには、最初に意識に触れる必要がある。アーナンダは至福を意味し、マインドの特質であり、マインドの高位領域であるが、それは意識の中に存在している。その前提条件は意識の口づけであり、それは最高の歓喜と活気のために必要だ。それがチンマヤナンダとサット・チット・アーナンダだ。

私は自分が何でもないものであること、何のデザインも色もないという確固たる結論に到達し、それゆえ、自分自身にどんなイメージももっていない。

早朝、目覚めの状態が起こるとき、存在の口づけが現れ、全宇宙の中で鼓動し、私の中にも鼓動する。同様に私が午後休息するときも同じことを観察する。しかし、あなたが肉体レベルで私を判断したいと思えば、私はこの水入れさえ持ち上げることができず、私の体にはそれくらいの力も残っていない。しかし、その鼓動する宇宙のすべての感触、それは「私は在るという性質」の感触だ。

私はブラフマンを知るものであり、ブラフマン・ジニャーニであるにもかかわらず、この存在性の感触はただみじめなだけだ。

一九八一年六月一五日

マハラジ　いったん知識があなたの中で目覚めたら、あなたはジニャーニで、もはや人間ではない。あなたは顕現したブラフマンであり、チェタナ(内的気づき)、ダイナミックに顕現したブラフマンだ。

以前、あなたの思考は肉体とそれに関連することに関係していた。しかし、いったん肉体－マインドから切り離され、ダイナミックな意識の状態に安定したら、あなたの思考の特質はどんなものになりうるだろうか？　思考があっても、もっと微妙なものになることだろう。それでも、このダイナミックな意識は食物からなる肉体の特質であり、肉体があるかぎりは意識もある。

朝、あなたが何を話し、受け取ったとしても、眠りに落ちるまで、それを繰り返し続けることだろう。誰もこのレベルでは質問しないが、このすべての機能はどうやって起こるのか？　この機能の特質は何で、どうやって起こるのか？　あなたは何か？　それを問いかけなさい。

これを理解できるのは、ほんの少数の人たちだけだ。だから私は人々を追い払うのだ。なぜなら、ただ言葉を聞いても役に立たないからだ。しかし、確固たる信念があれば、私の言うことがあなた方の中で目覚めることだろう。知力の不備はこの非常に強い信念によって埋め合わされるべきだ。

存在性がそこにあり、意識もそこにある。そして、意識がそこにあるゆえに世界がある。意識だけが行き渡っているが、今人々が話しても、私は理解しない。起こっていることの詳細ではなく、ただ意識的存在が感じられるだけだ。意識的存在のおかげで、あなたは私を存在していると見なす。もし意識がそこになければ、私は存在していないとあなたは言うことだろう。

一九八一年六月一七日

［質問者が次から次へと経典を引用していた］

マハラジ　目覚めの状態が始まる瞬間に、みじめさの礼拝が始まる。あなたの最初の誕生はいつだったのだろうか？

質問者　私はそれについては何も知りません。

マハラジ　だったら、あなたはどうやって**究極**に関するそれを受け入れているのだろうか？　これはあなたの直接の経験ではなく、本から借りてきた知識だ。自分自身の直接の経験でないことを、あなたはどうやって受け入れることができるのだろうか？

デリーで強盗があって、警察がここであなたを逮捕し、告訴したとしよう。あなたは今までにデリーへ行ったことがあるかね？

質問者　いいえ。

マハラジ　では、なぜあなたはこの誕生を受け入れたのだろうか？　シャストラス（ルール、マニュアル）や経典とは何だろうか？　それは私たちが世の中で振舞うべきことに関する単なる義務と禁止だ。それをここに持ち込んではいけない。あなたがこの誕生を受け入れるかどうかが最初の質問だった。なぜ経典という大風呂敷を広げるのか？　経典を読むことは無知な者たちにはふさわしい。次の段階はそれを放棄し、自分が何であるかを理解しようとすることだ。

自分が今まで読んだことすべてを振り捨てて、今は理解するようにしなさい。あなたは自分の識別力を発揮しなければならない。経典が言うことをただ盲目的に受け入れるだけでは、何の役にも立たない。それらをある段階までは受け入れなさい。そのあと、あなたは自分の識別力を使えるように充分に強くなり、充分に成熟しなければならない。人々は知識を探し求めて動きまわるが、彼らはいわゆる賢者たちが作り出した言葉の罠と好みの概念に囚われている。ある賢者はある方法で振舞うことを要求する。別の賢者のところへ行くと、別のやり方で振舞わせようとする。このようにあなたは他者の概念に囚われてしまうのだ。経典の中には、七つの海洋の水をひとすくいで飲み干したというリシ（聖者）の話がある。あなたはこの話を信じるだろうか？　識別力を働かせなさい。あなたはアチャラナ、つまり行動規範を語るが、「チャラナ」とは「行動しなければならない者」という意味だ。チャラナとは言葉のない、ただ「私は愛する」の状態、「私は在る」の状態、意識の状態、存在の感覚を意味する。その状態から意識の活動が始まる。

ロキとアロキについてだが、私たちは通常、ロキを世俗的なことだと思っている。ロキとは様々な人格を意味している。人格が規定するものは何であれ、あるいは人々が従わされるものは何であれロキだ。それに対して、アロキは世俗を超越している。アロキはあなたには知られていない。ここにいる帰依者のみなさんは私を愛しているが、アロキの領域における私を理解していない。

霊的な話はロキの話であり、他者にイメージを与えようとする一般的な話だ。ここには何のイメージもデザインもない。今、あなたはどうやってそれと一つになることができるのだろうか？　そのためには、イメージやデザインをもたなければならない。私たちが話し合っている知識は言葉でコミュニケーションされる必要があるが、それは**究極**ではない。

あなたは知識を得たい、集めたいと思っている。そういった知識は世の中にあふれているし、手に入れることができるが、少数の人だけがそれは無知の束だと理解することだろう。

あなたは自分に噴出する概念を研究することだろう。これらの概念は自分が好まなければ起こらない。もし霊的な人生に興味をもてば、あなたの思考と概念はそれに関係するものになることだろう。

私は言うべきことは言った。これ以上もう何も話すことはない。あなたがここに来たので礼儀をもって接するが、私たちには何の意図もないことを私は完全に確信している。私が話すことは、あなたの本当の核心には届かないだろうと思う。それゆえ、バジャンをやりなさい。実際のところ、そもそもあなたは私を訪れるべきではない。

ビシュワは最後の日々、矢のベッドの上にいた。私もまた苦痛という矢のベッドの上にいる。

一九八一年六月二六日

マハラジ　ここに座っている人たちが得る恩恵は、葉の生い茂る木陰で座っている恩恵と同じようなものだろう。その木陰に座っていることには、ある程度の平和と幸福の感覚がある。平和に留まりなさい。

私の教えはこの意識から出て来ている。それはくつろぐための大きな木陰のようなものだ。あなたはここに来て座り、くつろぎを感じるが、それがどんなものかを言うことができない。あなたはその状態を言葉で説明できないのだ。あなたはくつろいだ状態にいるが、より深い意味は真我の中に啓示され、そこに留まり、沈んでいる。だから、あなたはくつろぎ、幸福を感じるのだ。

この状態で聞いた話は何であれ、忘れられることはない。

スワルサのスワとは真我を意味し、ルサは目的だ。スワルサとは大きな目的をもつということだ。そしてスワルサは利己心を、スワは真我の目的をも意味する。言葉は現実界で目的をもち、あなたを利己的にするが、ここで発せられる言葉はあなた自身の真我の目的を与えてくれることだろう。


［母親と息子がやって来て、マハラジに花輪をかけ、出席していた人たちにプラザード（菓子）を配った］

マハラジ　素朴で無垢な人たちの深い状態はこのように実を結ぶ。彼女は自分の息子が試験に合格しますようにと祈った。彼女の信仰が効いたのだ。

もしあなたがここでこのくつろいだ状態を楽しむなら、そしてこの状態と一つになるなら、この状態をも超越することだろう。あなたは神々の誕生以前の状態の中へすら超越することだろう。

この理解をもって、何でも好きなことをやるがいい。自分の世俗的な活動をやりなさい。あなたがスワの意味である真我を理解すれば、もはや利己心が存在する余地はなくなることだろう。

これを完全に理解し、その中に留まりなさい。そうすればやがて、あなたはそれを実現することだろう。時が熟したときのみ、それは起こるはずだ。

あなたの価値とは何か？　あなたは意識であり、それを通じて世界が表現されている。その価値の中に留まりなさい。マインドと肉体の中へ降りて来てはいけない。もう一度言うが、あなたは誕生や死に影響を受けないという確固とした信念をもたなければならない。あなたは空間のようなものであり、それだけではなく、空間以前でもあるのだ。

究極であるあなたは決して自分自身を失うことはない。あなたが何かを失ったとすれば、それは言葉だけだ。

私はもう充分に話した。あなたが聞いたことが何であれ、それを保持し、熟考、思案して、それと一つになりなさい。

一九八一年七月一日

質問者　熟睡中は知ることがありません。**絶対**は知識があることも、知識がないことも超えています。それが私には理解できません。

マハラジ　まず最初に、子供が生まれる。その赤ん坊は自分自身を知らず、ただ空腹や喉のかわきなどの反応が起こるだけだ。これらは生命力がそこにあるときの肉体的な物事だが、その状態の内部では、知識のあることがまだ発展していないか、充分に成熟していない。それから一、二年後、赤ん坊は自分自身や母親などを知るようになる。その子供が自分自身を知るとき、その子の知識のあることが始まったのだ。

それ以前の子供は無知であり、知識がなく、無知の状態だ。それから「私は在る」という知識が達成される。それは自分が**誰か**は知らなくても**何か**だとは知っている。のちに、その子供は他人が与える概念や観念を集め始め、自分自身や他人についての概念やイメージを成長させる。つまり、マインドが成長したのだ。それから、熟睡や目覚めといった日常のサイクルがやって来る。目覚めた状態では、どんなマインドの状態にあろうとも、あなたは自分の概念とともに世界を知り、それから眠りに落ちる。さて、専門的には熟睡を知識のない状態と呼ぶことができる。しかしそれは、そこを超越したら**絶対**があるという知識のない状態ではないのだ。

もう一度、子供から進んでみよう。無知、知識のある状態、概念の蓄積、そしてグルとの出会い。グルはあなたに言う。「概念を取り除き、ただ自分自身で在りなさい」。つまり、あなたが存在するときには、**あなた**だけが在る。これが最初の段階だが、言葉なく、あなたである意識の中に留まること、それが知識だ。子供がそれ自身を知り始めたときも、また知識があった。それは一般的知識であり、あらゆる人に共通なものだ。この知識が今では霊的になっている。探求者はグルの言うことを理解し、概念を取り除き、そして今、最初の段階である「私は在る」の状態、ただ存在することの状態に留まる。

最初に、言葉のない「私は在る」という知識のあることがあり、その知識とともに世界がある。今、探求者が瞑想に入れば、知識のあることは知識のないことの中に入る。肉体的な性質がそこにあるときは、これは階層においては最高だ。なぜなら、この知ることと知ることがないというのは肉体の性質であり、そして肉体は意識を意味し、知識のあることと知識のないことが存在するのは意識の領域だからだ。

絶対は知識のあることと知識のないことを超越している。そのため、知識のないことは霊性の階層では最高であり、その目的地は知識のあることと知識のないことを超越している。

質問者　私は知識のないことが**絶対**を意味すると思っていました。

マハラジ　知識のあることと知識のないことは肉体的な意識の表現だ。食物からできた道具であるこの肉体が意識とともに完全に超越されるとき、それが**絶対**だ。

光はそこにあり、暗闇もそこにあるが、その背景とは何だろうか？　空間だ。空間はそこにあり、光でも暗闇でもないが、空間は**ある**のだ。空間に留まるために、あなたは光と暗闇を超越しなければならない。同様に肉体的な意識の性質である、知識のあることと知識のないことを超越しなければならない。もしその状態に到達したら、あなたは意識と意識がない状態を眺めているのだ。これは自然なサマーディ、つまりサハジャ・サマーディと呼ばれている。

自然な状態ではあなたはその状態にいるが、肉体と意識という心身的な道具がいつも活動している。この道具は誰かがやって来た瞬間に作動するが、さもなければ、あなたは**絶対**へと戻る。それは大きなホールに覗き穴のついたドアが一つあるとすると、その覗き穴が意識で、あなたはその後ろにいるようなものだ。

今、宇宙船が地球から飛び立っていると仮定しよう。あなたが空間にいるとき、自分が地球から脱出したと感じるが、実際はそうではないのだ。あなたはまだ地球の大気の影響下にいる。あなたは大気のない空間へとさらに行かなければならない。しかし、あなたがそこに行くという考えはどこにあるのだろうか？　実は、それはそんなふうではないのだ。あなたは本当は**絶対**であり、これらすべてはあなたが得てきた覆いにすぎない。

あなたは自分が存在していることを知りながら、自分が存在していることを忘れているが、忘却とは知識のないことであり、最高の状態だ。それは言葉では決して描写することができない。その状態は決して言葉によって捉えることはできない。

理解することが必要であり、混同すべきではない。あなたが知識のある状態の中に生きているとしよう。しかし、単にその状態において、知識のあることが多くのパワーを受け取るからといって、自分をジニャーニだと思うべきではない。あなたは自分をジニャーニだと思うかもしれないが、そうではない。それは単に最初の段階にすぎない。この段階では多くの誘惑がある。言葉なく、ただ存在であるとき、あなたはパワフルだ。そのパワーを放棄しなさい。それを所有してはいけない。

訳者あとがき

　記憶が確かではないが、たぶん本書を最初に読んだのは九〇年代の後半のことだったと思う。ラメッシ・バルセカールの本を読んで、彼の師がニサルガダッタ・マハラジだと知ったあとのことだ。最初は、定番の『アイ・アム・ザット　私は在る』（ナチュラルスピリット刊）の原書を読んでいたものの、どういう理由か、それは私にはあまり読みやすい本ではなかった。そのため私は、それはさらっと読むだけにして、マハラジの別の本を探すことにした。そうして手に入れた何冊かの本の一冊が本書である。その何冊かの本の中でも、本書が一番相性がいいように感じられたので、ようやくじっくりとマハラジの本に取り組むことにした。

　本書の原書は薄い本なので手にもなじみ、おかげで何度も読み返すことができ、そのたびに新しい理解を得ることができた。自分が敬愛する賢者たちや学問――ラメッシ・バルセカール、ダグラス・ハーディング、そして現代科学などが、私の中で一つに統合されていき、非常に異なる文化、気質、表現の人たちが同じことを語っていることに鼓舞されたものだ。

インドの非二元系の教えというと、それは分類上、宗教とかスピリチュアルに入るわけであるが、本当はニサルガダッタ・マハラジはダグラス・ハーディング同様に科学者なのだ。彼は信じるべき何かを人々に提供するのではなく、むしろ人々が信じている観念を徹底的に破壊しながら、究極の現実とは何かを一人ひとりが厳密に調査することを求める。マハラジが教えていることは信仰や道徳ではなく、「私とは何か」に関する厳密な真実であり、彼の態度はまさに科学者そのものである。

その一方で、彼はインドの伝統的グルのスタイルももっていて、彼は自分のところへ来る人たちに非常に厳しかったことも知られている。その「厳しい」の意味とは、師としての彼は、理解に関して非常に厳しい基準をもち、外側のどんな観念にも人々がしがみつくことを許さなかった。彼はほとんど誰にも合格点を与えず、彼の生涯で、自分の教えを本当に理解した人はほんの数人だと彼自身は言っている。

マハラジの生い立ちや人生を私はよく知らないが、本を読んで感じる人となりは、非常に素朴で純粋な町人、日本で言えば、昭和の頑固オヤジのような人を私は想像している。彼がまだ元気だった頃、スピリチュアルな話をしていないときのマハラジは、近所の人たちとも気軽に冗談を言ったり、悩み相談にものったりしていたのではないかと思う。彼は生涯、インドにあって、グル・ビジネス（弟子や信者をたくさん集めて金儲けをすること）をしなかった希有な賢者であり続けた。

では、マハラジが死ぬ一年半前から二ヶ月前の最晩年の講話集である本書で、マハラジは主に何を語っているのだろうか？　彼のテーマは、本書の原書のタイトル〝Prior to Consciousness〟つまり、「意識に先立って」の話であり、意識に先立ってとは、言葉を変えれば、「観念以前」、「言語・思考以前」、「経験以前」とも言え、マハラジの言葉を使えば、「私は在る」を超えた「絶対の状態」ということである。それはマハラジにせよ誰にせよ、本当は言葉で説明できる次元ではない。それでもマハラジはできるかぎりを語り続け、あとは「観念の泥沼にはまり込まずに、ただ在りなさい」、「理解がすべてである」という指示を与える。末期癌の苦痛のため、マハラジは最小限の言葉しか話せなくなり、そのわずかな言葉の中に、自分のところへ来た人たちを最高の真理へ導こうとするマハラジの慈悲と愛情があふれている。

もし読者の皆様が「読書による瞑想」をしたいと思うなら、本書は瞑想的読書のための最高の本の一冊であると私は確信している。訳者としては、あとは読者の皆様に心静かに本書を読んでいただき、本とのよき出会いがあることを希望するのみである。

本書を翻訳するにあたり、編集をご担当してくださった川満秀成氏と、ナチュラルスピリット社の今井社長に大変にお世話になりました。心からお礼を申し上げます。

二〇一八年一月一五日

髙木悠鼓

ヤ行

ヨーガ　Yoga：合一。融合。ヨーガの体系はパタンジャリによって創設されたとされる。

ヨーギ　Yogi：ヨーガを修練する人。ヨーガに熟達している人。

ラ行

ラジャス　Rajas：宇宙エネルギーの３つの側面の１つ。情熱。落ち着きのなさ。活動。激質。グナの１つ。

リーラ　Lila：遊び。ゲーム。戯れ。宇宙の創造は神の戯れであるという概念。

リンガ　Linga：象徴。非顕現を本性とするシヴァ神の象徴。

ロキ　Loki：世俗的な事柄。人格。規定。

ワ行

私－私　I－I：ラマナ・マハルシが語った意識の状態。「私」が消滅したところに、気づきである「私－私」はスプラナ（輝き、振動）として自ずと輝き、真我実現の前兆でもある「私－私」という意識が不変の自然な状態となった時点で真我実現、解脱の完成とされる。

パラマートマン　Paramatman：至高の真我。
パンディット　Pandit：知識人。学者。
ビージャ　Bija：種。源泉。
ヒラニャガルバ　Hiranyagarbha：宇宙的知性。宇宙的意識。黄金の(宇宙の)卵。
プージャ　Puja：礼拝、崇拝(儀式)。
ブッディ　Buddhi：知性。
プラクリティ　Prakriti：物質原理。自然。
プラジニャー　Prajna：高次の意識。気づき。純粋な覚醒。
プラーナ　Prana：生命エネルギー。生気。呼吸。
ブラフマー　Brahma：ヒンドゥ教一の三大神(創造神ブラフマー、維持神ヴィシュヌ、破壊神シバ)のひとり。
ブラフマー‐ランドラ　Brahma-randhra：頭の頂上が開くこと。泉門。
ブラフマン　Brahman：絶対なるもの。究極の実在。その特質は絶対的存在(サット)、絶対的意識(チット)、絶対的至福(アーナンダ)に表される。
プルシャ／プルサ　Purusha or Purusa：宇宙の魂。純粋精神。あらゆるもののハートに存在している真我。
プールナ　Purna：満たされた。完全(な)。無限。
プレーマ　Prema：(聖なる)愛。

マ行

マウナ、マオナ　Mauna or Mouna：静寂。沈黙。
マナ　Mana：心。理解。思考力。
マナーナ　Manana：黙想。瞑想。真理に対しての熟考。
マノラヤ　Manolaya：心の一時的な消滅。
マハー　Maha：偉大な(名詞の接頭辞)。
マハーサマーディ　Mahasamadhi：究極の至福状態。
マハータットヴァ　Mahattattva：偉大なる実在。宇宙意識。絶対意識から放射される光。
マーヤー　Maya：世界を顕現させるブラフマンに固有の幻想、幻影のパワー。
マールガ　Marga：道。道路。
マントラ　Mantra：聖なる音節や言葉の組み合わせ。真言。呪。
ムニ　Muni：賢者。禁欲的な人。
ムムクシュ　Mumukshu：解放を求める探求者。解脱へ向かって修行する人。
ムーラ・マーヤー　mula-maya：第1の幻想。

シッディ　Siddhi：霊的パワー。真我実現。達成。
ジニャーナ　Jnana：知識。
ジニャーニ　Jnani：知者。賢者。真我実現した聖者。
シャクティ　Shakti：至高の力。純粋意識。生命力。
シャストラス　Shastras：ルール。マニュアル。
ジャパ　Japa：神の名前やマントラを繰り返すこと。
スワルサ　Swartha：大きな目的。
スワルーパ　Swarupa：本性。自己の真の姿。

タ行

タマス　Tamas：暗質。不活発。グナの一つ。
ダルシャン　Darshan：見ること。聖者に会うこと。
ダルマ　Dharma：行動規範。
チダカーシャ　Chidakasha：気づき、意識の広がり。
チッタ　Chitta：個人的意識。記憶。心。
チット　Chit：普遍的意識。
チャイタニヤ　Chaitanya：意識。
チャクラ　Chakra：人間のエネルギー中枢。神経叢。
チャラナ　Charana：「私は在る」の状態。意識の状態。
デーヴァ　Deva：聖なる存在。神々。

ナ行

ナマルパ　Mamarupa：名前（nama）と形（rupa）。世界の特質。
ニサルガ　Nisarga：自然。生来の。
ニルグナ　Nirguna：属性がないこと。
ネーティ・ネーティ　Neti Neti：究極の真理に到達するために「これではない、これではない」とすべての名前と形を否定すること。

ハ行

バガヴァン　Bhagavan：神。主。聖者の尊称。
バクタ　Bhakta：帰依者。
バクティ　Bhakti：帰依。献身。崇拝。
バジャン　Bhajan：神に捧げる賛歌、祈り。
ハヌマン　Hanuman：パワフルな神。風の神の息子。シュリ・ラムの偉大なる帰依者。ラマがラヴァナと戦ったとき、彼を助けた有名な猿。
パラ　Para：至高。源泉意識。
パラブラフマン　Parabrahman：至高の実在。絶対。
パラマーカーシュ　Paramakash：偉大なる広がり。時空を越えた実在。絶対なる存在。

ガヤトリ　Gayatri：マントラとして使われるヴェーダから引用された韻文。
カルタ　Karta：行為者。
カルパナ　Kalpana：マインドが想像するもの。空想。概念。観念。
カルマ　Karma：行為。運命。
ギーター　Gita：歌。韻文詩からなるヒンドゥー教の聖典の１つで、古代叙事詩マハーバーラタの一部。
キリヤ　Kriya：肉体的行為。
グナ　Guna：属性。特質。傾向。サーンキャ哲学ではサットヴァ（純粋）、ラジャス（活動）、タマス（不活発）を属性、特質とする。
クリシュナ　Krishana：インドの神話で最も人気のある神。
グル　Guru：師。霊的教師。
クンダリーニ　Kundalini：ヨーガ、タントラの用語で、とぐろを巻いた蛇の意。生命力の源とされる。
クンバカ　Kumbhaka：止息法。息を止めること。呼吸停止。
ケンドラ　Kendra：中心。ハート。
コーサ　Kosa：鞘。

サ行

サグナブラフマン　Sagunabrahman：属性を備えた絶対であるもの。
サーダカ　Sadhaka：霊的修練者。真理の探求者。
サーダナ　Sadhana：霊的修練。修行。
サット　Sat：存在。善。真理。
サットグル / サッドグル　Sat - guru or Sadguru：真我である自分自身としての師。真の霊的教師。
サットサン　Satsang：賢者との交わり。真我として留まること。
サット・チット・アーナンダ　Sat-Chit-Aananda：存在・意識（知識）・至福。
サットヴァ、サットワ　Satva or Sattwa：存在。光。純粋。グナの１つ。
サハジャ・サマーディ　Sahaja-samadhi：自然な至福状態。自然なジニャーニの状態。
サマーディ　Samadhi：超越意識の至福状態。真我への没入。
サンカルパ　Sankalpa：思考。願望。想念。動機。
サンサーラ　Samsara：世俗生活。輪廻転生。
サンスカーラ　Samskara：生来の精神的傾向、印象、記憶。
ジーヴァ　Jiva：個人の魂。
シッダ　Siddha：完成されたヨーギ。真我を実現した人。

用語解説

ア行

アヴァター　Avatar：神の化身。聖なる化身。
アーカーシュ　Akasha or Akash：エーテル。空。虚空。空間。
アグニ　Agni：火。
アサナ　Asana：姿勢。
アジニャーナ　Ajnana：無知。
アジャ　Adya：根源的な。原初の。
アシュラム　Ashram：隠者の住処。
アチャラナ　Acharana：行動規範。
アドヴァイタ　Advaita：非二元論。究極の原理である絶対のみが存在し、すべての現象的な存在は幻想とする教義。
アートマ、アートマン　Atma, Atman：真我。至高の自己。個人の魂。
アーナンダ　Ananda：至福。幸福。喜び。
アーハム　Aham：私。エゴ。
アラティ　Arati：早朝や夕暮れに行われる聖なる奉仕。
アロキ　Aloki：世俗を超えた領域。
イーシュワラ　Iswara：神。ヒンドゥー教において、宇宙をつかさどるものとして神格化された「活動中の意識」。
ヴァーサナー　Vasana：心の潜在的傾向。衝動、感情、願望など。
ヴァック/バク　Vac or Vak：話すこと。
ヴァユ　Vayu：風の神。空気。生命－呼吸。
ヴィジニャーナ　Vijnana：純粋な知性の原理。
ヴィシュヌ　Vishnu：ヒンドゥ教ーの三大神（創造神ブラフマー、維持神ヴィシュヌ、破壊神シバ）のひとり。
ヴィチャーラ　Vichara：真我の探求。
ヴィリティ　Vritti：思考の波。精神的修正。
ヴェーダ　Veda：ヒンドゥー教の聖典。
ヴェーダンタ　Vedanta：ヴェーダの終わり、知識の最高点。
ウパニシャッド　Upanishad：古代インドの宗教哲学書。ヴェーダの最後の部分でもあることから、ヴェーダンタともいわれる。

カ行

カーマ　Kama：願望。渇望。
ガナパティ　Ganapati：ヒンズー教の神。成功を授ける神。

■ 本書について

本書に集められた講話は、ボンベイ（現ムンバイ）で、1980年から1981年9月8日、シュリー・マハラジが84歳で死ぬまでの間におこなわれた質疑応答の録音から筆耕されたものである。彼の教えの核心は次のことである。「人が間違ったアイデンティティ、様々な種類の見かけや幻想から自分自身を解放できるまでは、自分自身の自己の中に隠れている永遠の真理に直面することはできない」。マハラジは「マインドは発明し、マインドは破壊する。しかし、現実は発明されず、破壊されることはない……」と言う。

マハラジの親しい信者であり、彼の以前の講話をまとめた“Seed of Consciousness（意識の種）”の編者であるジーン・ダンは、マハラジの最晩年を彼と過ごした。彼女の観察によれば、最後の2年間、マハラジは世俗生活とその改善に関する一切の質問を受け付けなかった。彼はただ最高の真理だけを教えた。「彼のたった1つの文章でさえ、ウパニシャッドのようでした。答えるとき、彼はぶっきらぼうで、鋭く、誰のエゴにも配慮しませんでした。事実、彼が述べた目的は、この『偽実体』を破壊することだったのです。彼の存在の中にいることは、真理の力強い響きを感じることであり、それは描写不可能なことでした。彼は眺めるには驚くべき存在でした …… 人はただ完全なる愛と驚きで、彼を眺めることができただけでした」と語る。

本書“Prior To Consciousness”は、“I AM THAT”から始まった最も啓示的で啓発的な対話を継続している。

■ 翻訳

高木悠鼓（たかき ゆうこ）

1953年生まれ。大学卒業後、教育関係の仕事・出版業をへて、現在は翻訳・作家・シンプル道コンサルティング業を営みながら、「私とは本当に何かを見る」会などを主宰する。著書に、『人をめぐる冒険』、『楽しいお金』、『楽しいお金３』、『動物園から神の王国へ』、訳書に、『誰がかまうもんか？！』、『意識は語る』（ラメッシ・バルセカール）、『顔があるもの顔がないもの』、『今ここに、死と不死を見る』、『存在し、存在しない、それが答えだ』（ダグラス・E・ハーディング）、『あなたの世界の終り』（アジャシャンティ）、『何でもないものがあらゆるものである』（トニー・パーソンズ）などがある。

http://www.simple-dou.com/ シンプル堂サイト

http://simple-dou.asablo.jp/blog（個人ブログ「シンプル道の日々」）

意識に先立って

ニサルガダッタ・マハラジとの対話

●

2018年4月19日　初版発行
2020年9月8日　第2刷発行

編集／ジーン・ダン

翻訳／髙木悠鼓

装丁／中村吉則
編集・DTP／川満秀成

発行者／今井博揮
発行所／株式会社ナチュラルスピリット
〒101-0051　東京都千代田区神田神保町 3-2 高橋ビル 2 階
TEL.03-6450-5938　FAX.03-6450-5978
E-mail : info@naturalspirit.co.jp
ホームページ https://www.naturalspirit.co.jp/

印刷所／中央精版印刷株式会社

ISBN978-4-86451-267-1 C0010

落丁・乱丁の場合はお取り替えいたします。
定価はカバーに表示してあります。

好評発売中!

アイ・アム・ザット 私は在る

ニサルガダッタ・マハラジとの対話

モーリス・フリードマン　英訳
スダカール・S・ディクシット　編集
福間 巖　翻訳

ニサルガダッタ・マハラジの対話録、
本邦初訳!

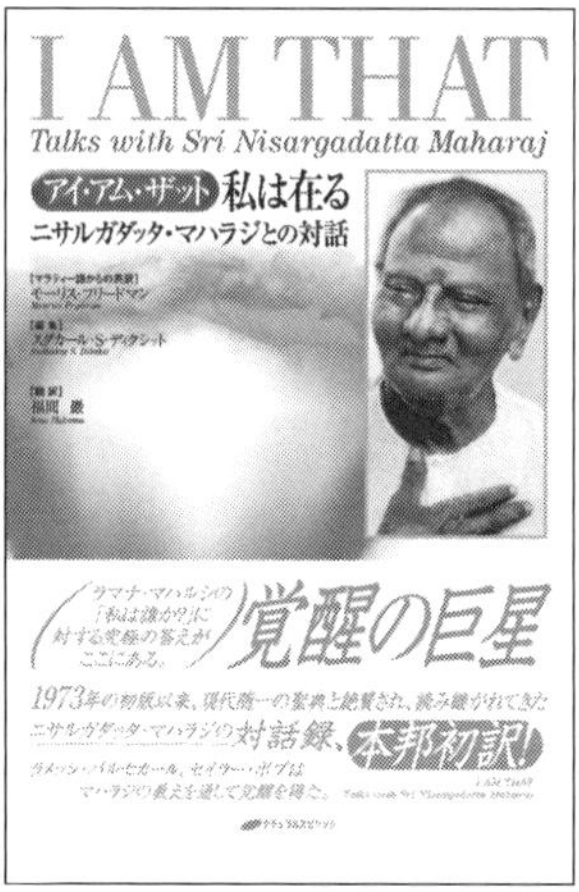

定価 本体 3800 円+税

1973 年の初版以来、現代随一の聖典と絶賛され、読み継がれてきた ニサルガダッタ・マハラジの対話録、本邦初訳! ラマナ・マハルシの「私は誰か?」に対する究極の答えがこの本にあります。

お近くの書店、インターネット書店、および小社でお求めになれます。